말뜻을 몰라 읽고쓰기가 어려운
초등생을 위한 어휘 수업

말뜻을 몰라 읽고쓰기가 어려운
초등생을 위한 어휘 수업

글담출판

"우리말 바르게 알고 정확하게 쓰고 있나요?"

친구들, 안녕하세요! 만나서 반갑습니다. 선생님은 초등학교에서 학생들을 가르치고 있는 류윤환입니다. 선생님은 하루에도 몇 번씩 이런 질문을 받아요.

"선생님, 사흘은 며칠이에요?"

"손톱에 물들이는 꽃은 봉선화예요? 봉숭아예요?"

"이럴 때 빨간이 맞아요? 빨강이 맞아요?"

여러분은 이 질문에 답할 수 있나요? 평소 어휘의 정확한 뜻을 알고 올바르게 사용하고 있나요?

자신 있게 "네!"라고 대답하는 친구는 많지 않을 거예요. 어휘라는 존재는 왠지 어렵고 멀게만 느껴지는 존재거든요. 더욱이 좋아하는 인기 유튜브의 영상을 보거나 대화를 나눌 때 불편함이 없다 보니 특별히 의식하지 못했을 수도 있어요.

그런데 수업을 듣다 보면, 평상시에 잘 사용하지 않는 어휘를 비롯해 딱딱한 한자 어휘가 참으로 많이 나와요. 아는 낱말일지라도 맞춤법이 헷갈리고 말뜻이 알쏭달쏭하고요. 심지어 지문의 뜻을 잘못 이해하여 시험 문제를 틀리기도 해요. 단어 사용을 잘못하는 바람에 뜻이 잘못 전달되어 친구 사이에 오해가 생기기도 해요. 학년이 올라갈수록 이런 일들은 더 많이 일어나요. 더욱이 탄탄한 문해력은 어휘를 바르고 정확하게 아는 것에서 시작해요.

그동안 자주 틀리고 헷갈렸던 어휘를 바로잡는 것에서 우리말 공부를 시작해 보세요. 학교 현장에서 학생들과 주고받은 대화, 겪었던 사건을 바탕으로 우리말 학습북을 만들었어요.

사전식 어휘 설명이 더 어렵다는 학생들을 위해 단어가 만들어진 유래를 함께 들려줘 뜻을 쉽게 이해할 수 있게 했어요. 익힌 단어를 연습해 볼 수 있도록 활동지를 넣었어요. 낯선 한자어부터 외래어, 고유어, 맞춤법까지, 자연스럽게 익힐 수 있을 거예요.

교과 단어의 말뜻을 몰라 공부에 어려움을 겪지 않도록 교육부 지정 학년별 국어교과 어휘와 3~4학년 학습도구 어휘를 부록에 담았어요.

말뜻을 알면 교과서가 쉬워지고 공부가 재밌어져요. 이 책과 함께 그러한 경험을 할 수 있게 되기를 간절히 기원합니다.

류윤환

다음 물음에 답해 보세요. 초등생이 자주 틀리는 어휘로, 물음에 답하며 어휘력, 맞춤법, 문법 등 우리말 능력 수준을 간단히 진단해 볼 수 있습니다.

1. '사흘'은 며칠일까요?
   ① 3일   ② 4일   ③ 40일

2. '금일 10시'에 면접을 보러 오라는 문자를 받았습니다. 언제를 말하는 걸까요?
   ① 오늘 10시   ② 금요일 10시   ③ 내일 10시

3. 황당하고 어처구니가 없다는 말을 의미하는 단어는 무엇일까요?
   ① 어의가 없다   ② 어이가 없다   ③ 면목이 없다

4. 다음 중 단어의 사용이 바른 문장은 무엇일까요?
   ① 인류는 평화를 지양하다   ② 상대방의 잘못을 탓하는 자세를 지양해야 한다

5. 다음 대화를 보고 빈칸에 들어갈 말을 고르세요.

아빠: 밥 먹었니?
아들: (　　　　　　). 아직이요.

   ① 아니요   ② 아니오

6. 음식에서 두 그릇의 몫을 한 그릇에 담은 분량을 나타내는 말은 무엇일까요?
   ① 곱배기   ② 곱빼기   ③ 꼽빼기

7. '자장면'과 '짜장면' 중 올바른 표현은 무엇일까요?
   ① 자장면   ② 짜장면   ③ 둘 다 맞다

8. 다음 문장 속에서 '잃어버리다'와 '잊어버리다' 중 어떤 것이 올바른 표현일까요?
   ① 길에서 돈을 잃어버렸다.　　② 길에서 돈을 잊어버렸다.

9. '사이시옷'이 올바르게 사용된 단어를 고르세요.
   ① 햇님　　② 대푯님　　③ 아랫집

10. '기본이 되는 단어의 형태'를 기본형이라고 합니다. 보기에 소개된 단어들의 기본형은
    무엇일까요?

밝고　　밝지　　밝을　　밝으면　　밝으니　　밝아서

    (　　　　　　)

11. 두 단어 중 올바른 표현을 골라 동그라미 표시를 해봅시다.

비가 많이 와서 [어떡해 / 어떻게]? 네가 [어떡해 / 어떻게] 나한테 이럴 수 있어?

12. 우유가 담겨 있는 상자를 뭐라고 할까요?
    ① 우유곽　　② 우유갑　　③ 우유깍

13. 두 단어 중 올바른 표현에 〇표를 해봅시다.

초콜릿 vs 쵸콜릿 주스 vs 쥬스

14. 아슬아슬한 차이를 나타낼 때 관용적으로 쓰이는 말을 고르세요.
    ① 한끝 차이　　② 한 끗 차이

15. 다음 중 '설날'과 같은 의미인 단어를 모두 고르세요.
    ① 한가위　　② 정월 초하루　　③ 구정

16. 다음 중 '을씨년스럽다'에 대한 설명으로 틀린 것을 고르세요.
    ① 을사조약으로 나라가 빼앗겼던 '을사년'에서 비롯된 말이다.
    ② 쓸쓸하고 어수선한 분위기를 나타내는 말이다.
    ③ '화창하다', '맑다'와 같은 단어로 바꿔 사용할 수 있다.

17. 토끼가 뛰는 모양을 나타내는 말로 올바른 것을 고르세요.
　　① 깡총깡총　　② 깡충깡충

| 정답 |

1	①	2	①	3	②	4	②	5	①	6	②
7	③	8	①	9	③	10	밝다	11	어떡해, 어떻게	12	②
13	초콜릿, 주스	14	②	15	②, ③	16	③	17	②		

| 결과 |

0~4개　　이 책을 차근차근 읽어 보세요. 재미있게 배워 봅시다.

5~9개　　기본적인 어휘는 알고 있어요. 헷갈리는 어휘를 익히며 실력을 높여 볼까요?

10~14개　충분히 잘하고 있어요. 몰랐던 어휘를 중심으로 책을 읽어 보세요.

15~17개　훌륭해요. 이 책을 읽으면서 다른 사람에게 어휘를 설명해 주는 연습을 해보세요.

차례

1장_ 초급편

2장_ 중급편

3장_ 상급편

1장

초급편

사흘은
며칠일까?

코로나바이러스감염증-19가 유행하던 2020년 포털사이트 실시간 검색어 순위에 '사흘'이 1위를 차지한 적이 있습니다.

　실검 1위는 연예인 이름이나 놀랄 만한 사건이 차지하곤 했는데요. '사흘' 같은 단어가 1위를 하는 경우는 드물기에 오히려 많은 관심을 끌었습니다. 자세한 내막을 살펴봅시다.

　당시 코로나 사태가 길어지면서 정부가 의료진과 국민의 피로를 조금이나마 해소하려는 목적으로 8월 17일(월)을 임시공휴일로 지정했습니다. 그러면서 '토요일부터 월요일까지 사흘간 황금연휴'라고 안내했지요.

　사람들의 반응은 어땠을까요? 토요일부터 월요일까지면 3일인데 왜 사흘이라고 잘못 썼느냐고 항의하는 사람이 많았습니다. 사흘이니 토요일부터 화요일까지 4일을 쉬는 거 아니냐고 좋아하는 사람도 있었지요. 이렇게 사흘을 4일로 잘못 알고 헷갈려하는 사람이 많아서 실시간 검색어 순위에서 사흘이 1위를 한 것이었습니다.

　왜 이런 오해가 생겼을까요?

　사흘의 '사'가 숫자 4와 발음이 같다 보니, 4일이라고 착각하는 것이지요.

3~4개를 뜻하는 '서너 개'라는 말이 있습니다. '셋'을 의미하는 '서'와 '넷'을 의미하는 '너'가 만나 '서너 개'가 된 것이지요.

'서'와 '너'가 하루를 의미하는 '흘'을 만나면 어떻게 될까요? 3일과 4일을 뜻하는 '서흘'과 '너흘'이 됩니다. 이때 모음변화가 일어나서 '사흘'과 '나흘'로 변하지요.

이 '사흘' 소동이 3년 뒤에 똑같은 이유로 다시 한번 벌어졌습니다. 2023년 3월에 치러진 고등학교 3학년 영어 모의고사에서 사흘을 4일이라고 착각한 꽤 많은 학생이 오답을 고른 것입니다.

사흘은 3일을 나타내는 순우리말입니다. 일상생활에서 자주 사용하진 않지만, 뉴스와 책에 자주 나오는 표현이니 기억해 두면 좋습니다.

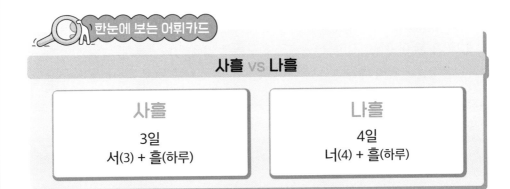

한눈에 보는 어휘카드

사흘 VS 나흘

사흘	나흘
3일	4일
서(3) + 흘(하루)	너(4) + 흘(하루)

 **우리말 사용법**

- 비는 **사흘** 동안 계속 내렸다.
- 내 생일은 앞으로 **사흘** 남았어.
- **사흘**간 휴무입니다.

✦ 배운 단어를 사용해 문장을 만들어 보세요.

 **우리말 퀴즈**

✦ 아래 일기를 읽고 밑줄 친 단어를 바르게 고치세요.

· ○○○○년 ○○월 ○○일 ○요일	· 날씨: 맑음

야구장 다녀온 날

오늘 학교에서 선생님과 친구들과 함께 야구장에 갔다. 사제동행 이벤트로 다녀오게 되었다. 사제동행은 스승과 제자가 함께 길을 간다는 뜻이다. 가족과 함께 가 본 야구장이지만, 선생님과 친구들과 함께 가니 느낌이 남달랐다. 신난 내 마음과 달리 내가 응원한 팀이 아쉽게 졌다. 사흘 뒤에 복수전을 치른다. 그땐 꼭 이기면 좋겠다. <u>4일</u>이 빨리 지나가면 좋겠다.

바르게 고치기 (   )

금일은
금요일일까?

뉴스에도 소개될 정도로 온라인에 올라와 화제가 된 글이 있습니다. '금일 14시 면접'이라고 연락을 받은 사람이 '이번 주 금요일에 뵙겠습니다.'라고 답장을 했다가, '금일은 오늘을 말하는 것'이라고 핀잔을 들었다는 겁니다.

그 글에 수많은 사람이 공감하며 경험담을 털어놓았습니다. '금일 배송 예정'이라는 문자를 보냈는데 상대방이 금요일에 배송된다고 착각해서 왜 이렇게 늦게 배송되느냐고 욕을 했다는 이야기, 금일 자정까지 과제를 제출하라는 안내에 금요일까지 하면 된다고 생각해서 늑장 부리다가 망했다는 이야기 등 사연도 다양했습니다. 모두 금일과 금요일을 같은 말로 생각했기 때문에 일어난 일입니다. 금요일을 빠르게 발음하거나 줄인 말이 금일이라고 생각한 거지요.

금일과 금요일은 한 글자 차이이지만 그 뜻에는 매우 큰 차이가 있습니다.

금일(今日)의 금(今)은 '지금, 오늘, 바로, 곧'이라는 의미입니다. 금일, 금주, 금방, 지금 등의 단어에 사용되지요.

금요일(金曜日)에서의 금(金)에는 '쇠, 금, 돈, 화폐'라는 뜻이 있습니다. 금속, 금고, 금융, 황금, 저금 등의 단어에 사용됩니다.

선생님이 가르쳤던 학생 중에서도 금일과 금요일을 같은 단어라고 생각한 아이가 있었습니다. 어원을 설명해 준 다음, 왜 같다고 생각했는지 물어봤지요. 그랬더니 무척 억울해하며 이렇게 말했습니다.

"제가 '금일'이라는 단어를 처음 들었던 날이 하필이면 금요일이었어요. 그래서 저는 금일을 금요일이라고 생각할 수밖에 없었어요."

드물지만 이런 경우에는 억울하겠네요.

이제 금일과 금요일이 다르다는 것을 알았죠? 맛집을 검색했는데 '금일 휴업'이라고 적혀 있다면, 금요일이 아니라 오늘 휴업이라는 뜻이니 괜히 찾아가서 헛수고하지 말아야겠지요?

한눈에 보는 어휘카드

금일 vs 금요일

금일	금요일
오늘	한 주의 다섯째 날
금(今) + 일	금(金) + 요일

 **우리말 사용법**

- 금일 밤엔 보름달이 뜬대요.
- 아버지는 금일 안에 오실 거예요.
- 금일 진료는 마감되었습니다.
- 금일 중에 꼭 방문하세요.

✦ 배운 단어를 사용해 문장을 만들어 보세요.

 **우리말 퀴즈**

✦ 왼쪽 단어와 오른쪽 설명을 바르게 연결해 보세요.

금일 ·	· ① 어떤 날의 다음 날
금요일 ·	· ② 오늘을 나타내는 말
익일 ·	· ③ 목요일과 토요일 사이의 요일

 **함께 익혀요**

- **작일**(昨日): 오늘의 바로 전날, 즉 어제
- **당일**(當日): 일이 있는 바로 그날
- **명일**(明日): 오늘의 다음 날, 즉 내일
- **익일**(翌日): 어떤 날의 다음 날

정답 금일-②, 금요일-③, 익일-①

안중근 의사는
의사 선생님이 아니라고?

역사 시간, 안중근 위인에 대해 처음 알게 된 학생이 물었습니다.

"안중근 선생님은 병원에서 일하는 의사였어요?"

안중근은 일본이 우리나라를 침략했을 때 활동했던 독립운동가입니다. 학교를 세워 인재를 양성했고, 민주 하얼빈에서 침략의 원흉인 이토 히로부미를 총으로 암살했습니다. 우리 역사에서 대단히 중요하고 의미 있는 인물이지요.

그런데 그 학생은 왜 안중근이 의사였는지 물었을까요? 바로 안중근 '의사'라는 칭호 때문이었습니다.

아플 때 병원에 가면 만나는 사람을 의사라고 하지요. 의사는 환자를 치료할 자격을 갖고 병을 고치는 것을 직업으로 합니다. 반면 안중근 뒤에 붙은 의사는, '나라와 민족을 위해 싸우다가 의롭게 죽은 사람'을 가리키는 말입니다. 원칙과 신념을 굽히지 않고 끝까지 지킨 사람에게 붙이는 칭호이지요.

우리나라 역사를 들여다보면 군인도 아닌 평범한 백성이 나라를 지키고자 농기구를 들고 전쟁에 참여하곤 했어요. 이처럼 외적을 물리치기 위해 자발적으로 조직한 군대를 '의병'이라고 하는데요, 의병(義兵)의 '의(義)'는 '옳다, 의롭다, 바르다'라는 뜻이에요. 안중근 의사의 '의'도 똑같은 한자를 사용해요.

우리나라를 위해 목숨을 바친 의사에는 또 누가 있을까요? 일본 일왕의 생일잔치에 도시락 폭탄을 투척했던 윤봉길 의사, 마찬가지로 일왕을 향해 수류탄을 던진 이봉창 의사 등이 있습니다.

그런데 왜 유관순은 '열사'라고 부를까요? 둘은 어떤 차이가 있을까요? 의사와 열사 모두 나라를 위해 목숨을 바친 분들을 부르는 말로, 의사는 무기를 들고 나라를 위해 뜻을 펼치다 돌아가신 분을 가리키고, 열사는 '무기 없이 맨몸으로 저항하다 돌아가신 분'을 가리킵니다. 3·1운동을 주도했던 독립운동가 유관순 열사, 을사늑약에 반대한 민영환 열사, 노동자의 인권을 쟁취하기 위해 분신했던 전태일 열사가 대표적입니다.

이 기회에 지금의 대한민국을 만들어 준 의사와 열사에 대해 알아보는 시간을 갖는 건 어떨까요?

한눈에 보는 어휘카드

의사 vs 의사

의사醫師	의사義士
병을 치료해 주는 사람	나라와 민족을 위해 싸우다가 의롭게 죽은 사람

- 탄압에 맞서 목숨을 걸고 싸우신 의사.
- 현충일은 나라를 위해 목숨을 바치신 의사와 열사를 기념하는 날이야.
- 남산공원 안에는 안중근 의사의 기념관이 있습니다.

✦ 배운 단어를 사용해 문장을 만들어 보세요.

 우리말 퀴즈

✦ 아래는 나라와 민족을 위해 싸운 위인들입니다. 각 위인의 업적을 조사해 보세요.

인물	업적
안중근 의사	
윤봉길 의사	
이봉창 의사	
유관순 열사	
이한열 열사	
전태일 열사	

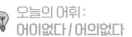

13456789,
어? 2가 없네?

영화 〈베테랑〉 속 재벌 3세 조태오가 이런 대사를 합니다. "어이가 없네." 관객들이 명대사로 선정할 정도로 화제였는데요, 영화 속 장면은 무슨 상황이었을까요?

트럭 운전기사가 일을 하고도 돈을 받지 못해 항의하러 찾아왔습니다. 부자인 조태오는 푼돈 450만 원 때문에 자신을 찾아와 방해하는 기사에게 화가 났습니다. 그때 나온 대사였지요.

어이가 대체 뭐길래 저렇게 황당하다는 듯 말하는 걸까요? 뭐가 없기에 저러는 걸까요? '어이없다'는 말은 맷돌에서 유래했습니다. 맷돌은 크고 둥근 돌 사이에 곡식을 넣고 돌려서 가는 도구입니다. 지금의 믹서기와 같은 조리도구지요. 이 맷돌의 손잡이를 '어이'라고 합니다. 곡식을 곱게 갈려고 맷돌을 꺼냈는데 손잡이가 없어서 갈 수 없다면, 얼마나 황당하고 당황스러울까요. 여기서 나온 말이 '어이없다'입니다.

'어이없다'와 비슷한 말로는 '어처구니없다'가 있습니다. 어처구니가 어디에서 온 말인지에 대해서는 여러 가지 의견이 있어요. '어이'와 마찬가지로 맷돌 손잡이를 뜻한다고도 하고, 궁궐 기와지붕에 흙으로 만들어 세운 동물이나 사람 상이라는 말도 있습니다. 그 정체를 정확하게 딱 말할 수는 없지만, 없으면 당황스럽고 기가 막힐 만큼 꼭 있어야 했던 그 무엇을 가리키는 말이긴 했던 것 같지요?

사실 '어이'에 대해서도 '맷돌 손잡이' 이외에 다른 설명도 여러 가지가 있습니다. 예를 들어, '수단으로', '방법으로'라는 뜻의 옛말 '어호로'에서 '어히'가 나와서 '어히없다'가 방법이나 도리가 없다는 뜻으로 쓰였으며, 그것이 지금의 '어이없다'가 되었다는 설명을 들 수 있습니다. 어느 설명 하나가 맞고 나머지는 틀린 것이 아니에요. 모두 하나의 주장일 뿐 정확한 어원이 무엇인지는 아직 밝혀지지 않았습니다. 아주 오래전부터 사용했던 단어이니 어쩌면 어원을 정확히 알아내기 어려운 게 당연하지 않나 싶습니다.

중요한 건 '어이'와 '어의'를 구분해야 한다는 것입니다. 당시 〈베테랑〉을 본 관람객들은 조태오의 대사가 '어이'인지 '어의'인지 헷갈려했습니다. 어의를 소리 나는 대로 편하게 쓴 것이 어이라고 착각했기 때문입니다.

그럼 '어의'는 무슨 뜻일까요? 조선시대 왕이 병에 걸렸을 때 왕을 치료하던 의원을 '어의'라고 합니다. 어이와는 완전히 다른 뜻이지요? '어이없다'의 뜻을 아는 사람이라면 '어이'를 '어의'로 잘못 안 사람들을 보고 정말로 어이가 없었을지도 모르겠습니다.

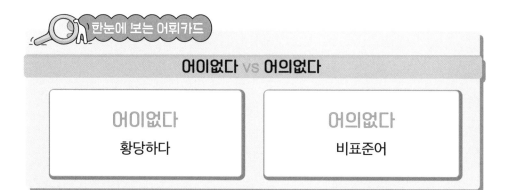

한눈에 보는 어휘카드

어이없다 vs 어의없다

어이없다	어의없다
황당하다	비표준어

 **우리말 사용법**

- 어이없는 실수를 해버렸어.
- 심판의 어이없는 판정에 선수들이 화가 났다.
- 황당하고 어이가 없어서 말문이 막혔다.

✦ 배운 단어를 사용해 문장을 만들어 보세요.

_____

_____

_____

 **우리말 퀴즈**

✦ 다음 대화를 읽고 틀린 단어를 사용한 친구의 이름을 써보세요.

- **수빈**: 왕이 어의 없게 죽다니 너무 황당해.
- **지수**: 맞아. 너무 어처구니가 없었어. 주인공이 그래도 되는 거야?
- **태호**: 난 병에 걸린 왕을 최선을 다해 진료한 어의가 진짜 주인공이라고 생각해.

                                        (   )

✦ '어이없다'와 비슷한 말에 ○를 해보세요.

어처구니없다	이해되다	엉뚱하다
완벽하다	기막히다	논리적이다
밝혀지다	터무니없다	파악되다

심심해서 사과를 했다고?
심심한 사과

유명 작가의 사인회가 있었습니다. 참가 희망자들이 예약을 하는데, 시스템 오류로 예약 과정 중에 불편한 일이 발생하였고, 관계자 측은 사과의 글을 올렸습니다.

"예약 과정 중 불편을 끼쳐 드린 데 대해 다시 한번 심심한 사과의 말씀을 드립니다."

그런데 그 글이 논란을 키웠습니다. '아니, 누구는 화가 머리끝까지 났는데 심심하다고? 장난하나?' '난 하나도 안 심심한데. 이 상황이 심심하냐?' '진정성 없는 사과는 받지 않겠다.' 사람들이 이런 말을 하며 더 화를 낸 것입니다.

'심심하다'는 말은 일상에서 '재미없고 지루하다'라는 뜻으로 자주 사용됩니다. 그런데 설마하니 그런 마음으로 사과를 했을까요?

사과문에 적힌 '심심(甚深)하다'라는 말은 '깊고 간절하다'라는 의미입니다. 앞에 있는 '심'은 '심할 심(甚)'이고, 뒤에 있는 '심'은 '깊을 심(深)'입니다. 그렇기에 '심심한 사과'는 '매우 깊고 간절하게 드리는 사과'라는 뜻입니다.

'심심한 사과'라는 말에서 사과를 다른 뜻으로 오해하는 사람은 적습니다. 정황상 먹는 사과가 아니라 용서를 빈다는 의미의 사과임을 알고 있고, 많이들 쓰는 단어이기 때문이지요. 그에 비해 심심은 잘 사용하지 않기에 오해할 만합니다. 이럴 때 오해하지 않는 방법이 있습니다.

　잠시 멈춰 생각해 보세요. 잘못을 한 쪽에서 굳이 '지루하고 재미없는' 사과를 할 필요가 있을까요? 그럴 이유가 전혀 없습니다. 상대방을 일부러 놀리는 게 아니라면 말이죠. 이렇게 '그럴 리가 없는데'라는 생각이 들 때는 혹시 내가 모르는 다른 뜻이 있지는 않은지 생각해 보는 겁니다. '지루하고 재미없다'라는 의미 말고 다른 뜻이 있을 수 있다는 가능성을 열어 두는 것이지요.

　다른 방법도 있습니다. 어떤 단어의 뜻을 정확히 알지 못해도 앞뒤 문장을 반복해서 읽어 보면 그 뜻을 추측할 수 있습니다. 정확한 뜻은 몰라도 그 단어의 느낌을 짐작할 수 있는 거죠. '지금 사과를 하는 거니까, 미안한 마음을 표현하는 것이겠구나.' 하고 생각할 수 있습니다.

　그 단어와 소리가 같은 다른 단어를 떠올려 보는 것도 좋은 방법입니다. '심'과 관련된 단어를 이것저것 생각해 보세요. '심각', '심오', '심하다'가 떠오르면 오해를 줄일 수 있습니다.

　모르는 단어, 어색한 단어, 이상하게 느껴지는 단어가 있다면, 혹시 내가 잘 모르는 것이 있지는 않은지 점검해 보면 좋습니다.

한눈에 보는 어휘카드

심심하다 vs 심심하다

심심甚深하다	심심하다
마음의 표현 정도가 매우 깊고 간절하다	하는 일이 없어 지루하고 재미가 없다

우리말 사용법

- 심심한 감사를 드립니다.
- 그동안의 노고에 심심한 경의를 표하는 바입니다.
- 논란을 빚은 점에 대해 심심한 사과의 말씀을 드립니다.

✦ 배운 단어를 사용해 문장을 만들어 보세요.

_____

_____

_____

우리말 퀴즈

✦ 사다리를 따라 내려가며 '심심하다'의 여러 뜻을 배워 봅시다.

국물을 심심하게 끓이다.	심심하던 차에 말 상대를 만나 반가웠다.	심심한 바닷속에 들어갔다.	심심한 사과를 드립니다.
깊고 깊다	하는 일이 없어 지루하고 재미가 없다	마음의 표현 정도가 매우 깊고 간절하다	음식 맛이 조금 싱겁다

무료인데
공짜가 아니라고?

"요즘 애들은 단어를 잘 모른다."

"초등학생의 어휘력이 심각한 수준이다."

"문해력이 부족해 걱정이 된다."

단어를 잘 모르는 학생들을 걱정하는 목소리가 여기저기서 들려옵니다. 걱정해 주는 건 고맙지만 초등학생 입장에서는 억울하기도 합니다. 자주 사용하는 단어가 아니라서 몰랐을 뿐이고, 배운 적이 없으니 모르는 건데 그것도 모르냐고 핀잔을 들으니 말이죠.

그런 단어 중 하나가 '무료하다'입니다. 처음 들었을 때 어떤 의미가 먼저 생각났나요? 아마 '공짜'를 떠올린 친구들이 많을 겁니다. 무료라는 단어는 요금이 없다는 뜻으로 가장 많이 사용됩니다. 그러니 공짜를 생각할 수밖에요. 그런데 또 다른 뜻이 있습니다.

혹시 주변에서 공짜 이외에 다른 뜻으로 사용하는 것을 들은 적이 있나요?

무료(無聊)하다는 말은 '흥미 있는 일이 없어 지루하고 심심하다'라는 뜻입니다. '무'는 '없을 무(無)'이고, '료'는 '귀 울 료 / 즐거울 료(聊)'입니다. 귀를 울리는 소리가 없다는 뜻으로, 그만큼 시끄러울 일 없이 고요하고 조용하다는 뜻입니다. 또는 즐거울 일이 없다는 뜻이지요. '지루하다, 따분하다, 흥미가 없고 심심하다'라고 해석할 수 있습니다.

　공짜를 나타내는 무료도 살펴볼까요?

　무료(無料)의 '무'도 '없을 무(無)'입니다. '료'는 '헤아릴 료/값 료(料)'를 사용합니다. 말 그대로 값이 없다는 뜻이지요. 반대말로는, '있을 유(有)'를 사용해서 요금을 낸다는 '유료'가 있습니다. 값이 있다는 뜻이니 요금을 지불해야 한다는 의미가 됩니다.

　이제 두 가지 무료에 대해 확실히 이해했나요?

　요즘에는 무료(無聊)하지 않도록 무료(無料)로 무엇인가를 배울 수 있는 방법이 참 많습니다. 관심 가는 게 있다면 찾아서 익혀 보세요.

한눈에 보는 어휘카드

무료 vs 무료

무료無聊	무료無料
흥미 있는 일이 없어 심심하고 지루함	요금이 없음

우리말 사용법

- 텔레비전을 보며 **무료**함을 달랬다.
- 집 안에만 있으니 답답하고 **무료**해.
- 해당 지역에 사는 사람이라면 누구나 **무료**로 강습받을 수 있다.

✦ 배운 단어를 사용해 문장을 만들어 보세요.

우리말 퀴즈

✦ 다음 대화를 읽고 '지루하다'는 의미의 무료에는 ○표를, '공짜'라는 의미의 무료에는 △표를 해보세요.

- **지혜**: 와~, 워터파크가 오늘 하루는 **무료**래!

- **윤환**: 그래? 어서 가자!

- **하준**: 그렇지 않아도 **무료**했는데 잘 됐다!

- **서준**: 그럼 버스 타고 갈까? 버스 요금도 **무료**면 좋겠다.

- **준희**: 버스 요금은 유료이지만 같이 버스 타고 가면 바깥 구경도 할 수 있으니 **무료**하지 않고 즐거울 것 같아.

원하는 것을 지향하는 걸까?
지양하는 걸까?

시험에 자주 나오는 단어인데 나올 때마다 많은 학생이 헷갈려하는 단어가 있습니다. 바로 '지양'과 '지향'입니다. 발음은 비슷하지만 그 뜻은 정반대지요. 닮았지만 너무 먼 사이, 지양과 지향을 알아봅시다.

지양(止揚)은 '그칠 지(止)'와 '오를 양(揚)'을 씁니다. 더 높은 단계로 오르기 위해 행동을 멈춘다는 의미로, '어떠한 것을 하지 않는다'는 뜻입니다. 반면에 '지향(志向)'은 '뜻 지(志)'와 '향할 향(向)'을 씁니다. '목표하는 곳으로 뜻이 쏠려 있다'는 뜻입니다. 즉 지양은 하지 않으려는 것, 지향은 하고자 하는 것을 의미합니다.

그렇다면 '초등학교에서는 어휘 교육에 힘써야 한다'라는 뜻으로 말하려면 지양을 써야 할까요, 지향을 써야 할까요? 무엇을 지양한다고 하면 그것을 피하고 하지 않음을, 무엇을 지향한다고 하면 그 목표를 이루기 위해 노력한다는 뜻입니다. 그러니 지향을 사용해서 '초등학교에서는 어휘 교육을 지향해야 한다'고 해야겠지요.

지양은 주로 부정적인 내용과 함께 쓰입니다. '사이좋게 지내기 위해 서로 헐뜯는 것을 지양합시다, 지나친 암기 위주의 교육을 지양하자'처럼 말이죠.

반대로 지향은 그 대상을 추구하고자 할 때 자주 사용됩니다. '우리는 평화를 지향한다, 사고 없이 일을 마무리하기 위해 안전을 최우선으로 지향한다'처럼요.

하지만 한자에 익숙하지 않은 학생이라면 여전히 두 단어를 구분하기가 어렵습니다. 두 단어의 뜻이 계속 헷갈린다면, 어려운 한자어 대신 쉬운 우리말 순화어를 사용하는 것도 좋은 방법입니다.

지양은 '피함', '하지 않음'으로 바꿔 사용할 수 있습니다. '지나친 암기 위주의 교육을 하지 않아야 합니다'처럼요. 무엇보다 지양이라는 말은 일본어에서 영향을 받은 단어라고 하니 순화해서 사용하면 더욱 좋겠죠?

지향은 '나아가다', '향하다'로 바꿔 사용하면 어떨까요? '안전을 목표로 나아가다'처럼요.

한눈에 보는 어휘카드

지향 vs 지양

지향 志向	지양 止揚
목표를 위해 노력함	어떤 것을 하지 않음

- 상대방에게 피해를 주는 행동은 지양해야 한다.
- 우리말로도 표현할 수 있는데 무조건 외국어를 사용하는 것은 지양해요.
- 어려운 상황 속에서 꿈을 지향하며 나아가는 모습이 멋지다.

✦ 배운 단어를 사용해 문장을 만들어 보세요.

우리말 퀴즈

✦ 괄호 안에 들어갈 낱말로 바른 것에 ○표 하세요.

- 상대방의 잘못을 탓하는 자세를 [지양/지향]해야 한다.

- 갈등을 [지양/지향]하고 극복해 나가야 한다.

- 인류는 평화를 [지양/지향]하고 있다.

- 올림픽은 인류의 평화를 [지양/지향]하는 지구촌 축제이다.

- 요즘 젊은이들은 단순히 출세하는 것만 [지양/지향]하는 경향이 있다.

34

실수하고
실패해도 괜찮아

학교에서 많이 들리는 단어가 있습니다. '망했다, 끝났다, 실패했다' 같은 말입니다. 계산 문제를 좀 틀렸을 뿐인데 학생들은 자신을 '수포자'라고 여깁니다. 수학을 포기한 사람이라는 뜻이죠. 수학이라는 넓은 바다에서 계산은 아주 작은 영역인데, 수학이라는 과목 자체가 자신과 맞지 않고 열심히 해도 가망이 없다고 쉽게 판단해 버리는 것입니다. 그리고 정말 수학을 싫어하는 사람처럼 행동합니다. 수포자뿐 아니라 과포자, 국포자, 영포자 등 과목별로 다양한 '포자'가 있습니다. 안타까운 마음에 '실수'와 '실패'라는 비슷한 단어를 학생들에게 설명해 주곤 합니다.

실패는 '일을 잘못하여 뜻한 대로 되지 아니하거나 그르침'을 뜻합니다. 실수는 '조심하지 아니하여 잘못함, 또는 그런 행위'를 뜻합니다. 둘 다 해내야 하는 것을 해내지 못했다는 공통점이 있지요. 차이점은 결과의 원인에 있습니다.

실패(失敗)는 '잃을 실(失)'에 '패할 패(敗)'로 이루어져, 열심히 했지만 패배를 맛본다는 뜻입니다. 반면 실수(失手)는 '잃을 실(失)'에 '손 수(手)'로, 내가 잘못해서 일을 그르친다는 뜻입니다.

예를 들어 운동선수가 열심히 경기를 준비했는데 우승을 하지 못했습니다. 상대방이 너무 강해서요. 원인이 나의 잘못이 아닌 외부에 있는 것이죠. 그럼 실수라고 해야 할까요? 실패라고 해야 할까요? 우승 실패라고 표현해야 합니다.

그럼 운동선수가 중요한 장비를 집에 놓고 경기장에 오는 바람에 패배했을 경우에는 뭐라고 해야 할까요? 내가 잘 살피지 못해서 생긴 잘못으로 벌어진 일이니 실수라고 할 수 있습니다. 할 수 있었는데 하지 못한 셈이니까요.

실수와 실패를 이처럼 원인의 의미로 구분하기도 하지만, 일의 난도에 따라 구분하기도 합니다. 실수는 내가 할 수 있는 일인데 못 해낸 것으로, 난도가 낮은 일에 해당합니다. 반면, 실패는 주로 상당히 어려운 일에 도전했다가 해내지 못한 것으로 난도가 높은 일에 해당합니다.

여러분이 지금 틀린 문제 하나로, '나는 수학을 못 해.' '나는 공부에 재능이 없어.' 하고 스스로를 규정하지 않길 바랍니다. 지금 포기하고 좌절한다면 실패로 끝나지만, 열심히 하지 않은 내 실수, 내 잘못이라고 여기고 더 노력한다면 실패에 머물지 않고 곧 성공의 단맛을 볼 수 있을 테니까요.

한눈에 보는 어휘카드

실수 vs 실패

실수失手	실패失敗
조심하지 않아 잘못함, 또는 그런 행위	일을 잘못하여 뜻한 대로 되지 않거나 그르침

- 실수는 실패가 아니다.
- 반복되는 실수는 실력이다.
- 설거지하다가 실수로 그릇을 깨트렸어.
- 실패의 원인을 찾고 더 열심히 노력해야지.

✦ 배운 단어를 사용해 문장을 만들어 보세요.

_____

_____

_____

우리말 퀴즈

✦ 단어와 어울리는 설명을 모두 연결해 보세요.

실수 ·

- · ① 나의 부주의로 일이 잘못되었을 때

- · ② 최선을 다해 도전했지만 일이 생각대로 되지 않았을 때

- · ③ 쉽게 할 수 있는 일인데 깜빡하고 놓쳤을 때

실패 ·

- · ④ 내 능력보다는 조금 어려운 일에 도전했지만 탈락했을 때

곱빼기일까?
곱배기일까?

급식 메뉴로 자장면이 나오는 날이면 학생들이 두세 번, 많게는 다섯 번이나 배식을 받으러 갑니다. 입에 자장을 가득 묻히고 해맑게 웃는 학생들의 모습을 보면 저절로 미소가 지어집니다. 때때로 아이들은 이런 투정을 부립니다.

"처음부터 곱빼기로 주면 또 받으러 갈 필요가 없어서 서로 좋을 텐데 왜 곱빼기로 안 주시는지 모르겠어요."

"맞아요. 자장면은 끊기면 맛없어요. 곱배기로 받으면 한 번만 받아도 되고 계속 먹을 수 있는데."

이런 아이들에게 기습 질문을 했습니다.

"그런데 '곱배기'가 맞을까? '곱빼기'가 맞을까?"

그러자 아이들은 밥 먹고 있는데 무슨 공부냐며 체하겠다고 아우성을 쳤습니다.

여러분은 어떤 표현이 맞다고 생각하나요? 왠지 곱배기가 정답 같지만, 잘못된 표현입니다. 곱빼기가 올바른 표현이에요.

곱빼기는 '곱'과 '빼기'가 더해진 말이에요. '곱'은 '어떤 수나 양을 두 번 합한 만큼'을 뜻합니다. '곱셈'이나 '곱하기'에 사용되는 '곱'이지요. '빼기'는 명사 뒤에 붙어서 '어떤 특성이 있는 사람이나 물건'을 뜻합니다. 예를 들어 '악착빼기'라는 말은 몹시 악착스러운 사람을 이르는 말입니다. 즉 곱빼기는 '두 그릇의 몫을 한 그릇에 담은 분량'을 말합니다.

그런데 많은 사람이 곱배기라고 잘못 알고 있는 이유는 곱빼기가 곱배기를 강하게 발음해서 잘못 쓴 단어라고 오해하기 때문입니다.

빼기가 맞는지, 배기가 맞는지 헷갈릴 때는 발음을 해보면 되는데요, 한글맞춤법 제54항에 의하면 [배기]로 발음되면 배기로 적고 [빼기]로 발음되면 빼기로 적습니다. '곱빼기'는 [곱빼기]로 발음되므로 쓸 때도 '곱빼기'로 표기해야 하는 거죠.

이렇게 설명했더니, 한 학생이 식판을 들고 배식대로 가서 말합니다.

"곱배기 말고 곱빼기로 주세요!"

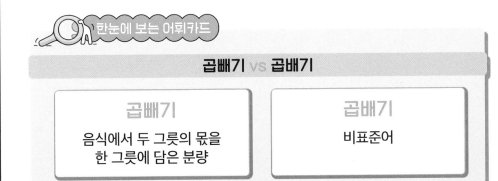

한눈에 보는 어휘카드

곱빼기 vs 곱배기

곱빼기	곱배기
음식에서 두 그릇의 몫을 한 그릇에 담은 분량	비표준어

- 배가 고파서 자장면을 곱빼기로 시켰다.
- 어려움을 곱빼기로 겪었다.
- 오늘은 자장면 곱빼기를 일반 가격으로 판매합니다.

✦ 배운 단어를 사용해 문장을 만들어 보세요.

우리말 퀴즈

✦ 아래 문장을 읽고 ( ) 안에 맞으면 O, 틀리면 X를 써넣으세요.

- '어떤 수나 양을 두 번 합한 만큼'을 뜻하는 단어는 '곱'입니다.　(　　)
- 곱빼기는 곱배기를 강하게 발음한 잘못된 단어입니다.　(　　)
- 곱배기는 표준어이고 곱빼기는 비표준어입니다.　(　　)

✦ 곱빼기, 악착빼기, 진짜배기처럼 '-빼기'나 '-배기'가 붙은 단어를 찾아 뜻과 함께 적어 보세요.

정답 O, X, X

짜증 날 땐
짜장면?

자장면은 한국 사람에게 많은 사랑을 받는 대중 음식입니다. 입학이나 졸업, 이사 등 특별한 일이 있는 날 가족과 즐겨 먹는 음식이지요. 책, 노래, 영화나 드라마에도 자장면을 먹는 모습이 자주 등장합니다.

중국 된장(춘장)과 고기, 채소를 볶아 만든 양념에 국수를 비벼 먹는 음식인 자장면. 이 자장면은 맛도 좋지만 이름에 대한 이야기도 제법 흥미롭습니다.

원래 자장면은 중국 동북지방 음식입니다. 자는 '튀길 자(炸)'이고, 장은 춘장을 가리킵니다. 그리고 면은 '국수 면(麵)'입니다. 뜻을 풀어 보면 '춘장을 튀겨 만든 양념에 비벼 먹는 국수'라는 뜻이에요. 이 음식이 한국으로 건너와 한국인의 입맛에 맞게 변하면서 본래 중국 음식과는 전혀 다른 맛이 되었지요. 그래서 외국 사람들 역시 자장면을 한식으로 인식한다고 합니다.

그런데 '자장면'과 '짜장면', 둘 중 어느 단어가 맞을까요? 잠봉이 아니고 짬뽕이니 자장면도 짜장면이라고 해야 한다는 설명도 있고, 자장면이라고 하면 영 맛이 살지 않으니 짜장면이라고 해야 한다는 주장도 있습니다. 부를 때 맛있게 느껴져야 먹고 싶은 마음도 들고 먹을 때도 더 맛있다는 겁니다. 자장면의 이름 논쟁은 그 인기만큼 뜨거웠는데요, 2009년에는 시사·교양프로그램인 〈SBS 스페셜〉에서 자장면 표기에 대해 방송을 한 적도 있었다고 하네요.

학생들에게 물어보니, "짜증 날 땐 짜장면. 우울할 땐 울면. 복잡할 땐 볶음밥. 탕탕탕 탕 탕수육~"을 열창하더니, 짜장면이 맞다더라고요.

사실 정답은 '둘 다'입니다. 처음에는 자장면만 표준어로 인정했어요. 중국 된장을 튀긴 양념을 말하는 '자장'과 한자어인 '면'이 결합한 형태니까 자장면이 맞다고 본 것이지요.

그런데 국립국어원에서 표준 발음 실태 조사를 했는데, 조사에 참여한 사람의 70% 이상이 짜장면으로 발음하는 것으로 나타났어요. 실생활에서 짜장면이 압도적으로 많이 쓰이고 있었던 거죠. 그래서 2011년 8월부터는 자장면과 짜장면 모두 표준어로 인정받았습니다. 이런 단어를 복수 표준어라고 합니다.

한눈에 보는 어휘카드

자장면 vs 짜장면

자장면/짜장면
복수 표준어로,
고기와 채소를 넣어 볶은 중국 된장에 국수를 비벼 먹는 음식

- 오늘은 점심에 짜장면 먹자.
- 형은 항상 짜장면 곱빼기를 먹었다.
- 이사를 하는 날에는 자장면을 시켜 먹어야 제맛이다.
- 자장면은 많은 사람이 좋아하는 국민 음식이다.

✦ 배운 단어를 사용해 문장을 만들어 보세요.

_____

_____

_____

_____

우리말 퀴즈

✦ 자장면과 짬뽕처럼 면으로 만든 세계 여러 나라 음식을 조사해 보세요.

_____

_____

_____

_____

_____

개구장이일까?
개구쟁이일까?

장난꾸러기들의 장난으로 교장 선생님은 한동안 골머리를 앓았습니다. 학생들이 교장실 문을 두드리고 도망을 갔거든요. 영상까지 찍은 걸 보면 유튜브에 올릴 생각인 것 같았습니다. 범인을 찾기가 쉽지 않았는데, 이 장난꾸러기들은 의외의 곳에서 덜미를 잡혔습니다. 바로 유튜브 영상입니다. 자신들이 올린 영상이 범행을 자백하는 증거 영상이 된 것이지요.

이렇게 짓궂은 장난을 치는 친구들을 뭐라고 불러야 할까요? 개구장이일까요? 개구쟁이일까요?

답을 하기 전에 먼저 '~장이', '~쟁이'의 의미부터 살펴볼까요?

'~장이'는 '어떤 기술을 가지고 있는 사람'을 가리킬 때 사용합니다. 특히 손으로 물건을 만들거나 수리하는 사람을 가리킬 때 '~장이'를 많이 사용합니다. 교과서를 보면 '대장장이'가 나옵니다. 대장장이는 쇠를 달구어 온갖 연장을 만드는 대장간에서 일하는 사람을 말합니다.

고대에 대장장이는 왕처럼 지배층이었다고 합니다. 쇠를 다루어 뭔가를 만든다는 것은 당시 돌을 도구로 사용하던 사람들에게는 대단한 일이었지요. 그래서 대장장이는 높은 계층에 속했습니다. 그런데 시간이 흘러 쇠를 다루는 기술이 흔해지면서 대장장이에는 평범한 기술자의 의미만 남게 되었습니다.

'~쟁이'는 '나쁜 버릇이나 독특한 습관, 행동 따위를 많이 지닌 사람'를 가리킬 때 쓰는 말입니다. '깍쟁이, 겁쟁이, 허풍쟁이', '고집쟁이' 등이 있습니다.

이 중 깍쟁이는 이기적이고 인색한 사람을 뜻하는데요, 조선시대에 만들어진 말이라고 합니다.

조선을 건국한 이성계는 지금의 서울인 한양을 도읍으로 정했습니다. 당시 한양에는 죄를 지은 사람들이 많았는데, 이에 이성계는 그들의 얼굴에 죄명을 새기고 쫓아냈습니다. 얼굴의 흉터 때문에 사회생활을 하기 힘들었던 그들은 서로 모여 살았고, 사람들은 그들을 '깍정이'라고 불렀습니다. 그들은 장례식장에서 악귀를 내쫓는 일을 하고, 일이 끝나면 사람들을 위협해 돈을 뜯어내곤 했습니다. 그래서 남을 배려하지 않고 자기만 아는 사람을 '깍정이'라고 부르게 되었지요. 그리고 시간이 지나 '깍쟁이'라는 표현이 쓰이게 되었습니다.

대장장이와 깍쟁이 이야기를 살펴보니 이제 '~장이'와 '~쟁이'가 어떤 느낌인지 알 것 같지요?

아, 그런데 잡힌 개구쟁이들은 어떻게 되었냐고요? 그다음 영상으로 '교무실 문 두드리고 도망가기'를 찍다가 또 붙잡히고 말았답니다.

한눈에 보는 어휘카드

-장이 vs -쟁이

-장이	-쟁이
'그것과 관련된 기술을 가진 사람'의 뜻을 더하는 접미사	'그것이 나타내는 속성을 많이 가진 사람'의 뜻을 더하는 접미사

- 내 동생은 동네에서 알아주는 개구쟁이다.
- 개구쟁이가 모여 장난을 계획하고 있다.
- 어릴 적 개구쟁이 모습이 지금도 여전하네.

✦ 배운 단어를 사용해 문장을 만들어 보세요.

우리말 퀴즈

✦ 괄호 안에 들어갈 낱말로 바른 것에 O표 하세요.

- [겁장이/겁쟁이]처럼 도망가지 말고 당당하게 맞서라.

- 그는 이십 년이 넘도록 수많은 양복을 지은 [양복장이/양복쟁이]다.

- 마음먹은 것은 꼭 하고야 마는 [고집장이/고집쟁이].

- 정성을 들여 만든 옹기가 잘되면 [옹기장이/옹기쟁이]는 행복했다.

칠판을 가르키며
학생을 가르치다

방학이면 도슨트와 함께하는 박물관 투어 광고가 종종 보입니다. "아는 만큼 보인다."는 유홍준 교수님의 말처럼 재미없고 따분하기만 했던 박물관이 도슨트의 설명이 더해지면 흥미진진해지지요. 도슨트란 '가르치다'라는 뜻의 라틴어 '도세르(docere)'에서 유래한 용어로, 지식을 갖춘 안내인을 말합니다.

오늘은 이 가르치다라는 단어를 살펴보고자 합니다. 우리는 흔히 '가르치다'와 '가리키다'를 구분하지 못하고 섞어 쓰는 실수를 하는데요, 그 이유는 '가르치다'의 어원에서 찾아볼 수 있습니다.

'가르치다'의 옛말인 'ᄀᆞᄅ치다'는 '가르치다'와 '가리키다'의 의미 모두를 포함하는 말이었습니다. 한참 시간이 흘러서야 두 의미가 나뉘었다고 합니다.

'가르치다'는 모르는 것을 알려 줄 때 쓰는 말입니다. 오래된 고유어로, 그 유래에 대해서는 위의 설명 이외에도 여러 가지가 존재합니다. 그중 하나가 '갈다(연마하다)+치다(보살펴 키우다)'가 합쳐진 말이라는 설입니다. '학문이나 기술을 익힌다'는 뜻의 '연마하다'에는 지식과 기능을 전하고자 하는 마음이, '보살펴 키우다'라는 뜻의 '치다'에는 사랑을 전하고자 하는 마음이 담겨 있습니다. 즉 가르치다는 '사랑의 마음으로 지식과 기능을 알려 준다'는 따뜻한 의미를 갖고 있습니다.

‘가리키다’는 손가락으로 방향을 알려 주거나 어떤 대상을 지목할 때 사용하는 말입니다. 자주 등장하는 예문으로, ‘선생님은 학생들에게 모르는 것을 가르쳐 주기 위해 칠판을 손으로 가리키셨다’가 있습니다.

　‘가리키다’와 ‘가르치다’처럼 단어의 모양이 비슷하면 의미도 비슷할 거라고 착각하게 됩니다. 하지만 여러분은 분명히 구분할 수 있겠지요? 선생님이 ‘가르쳐’ 주었으니까요.

한눈에 보는 어휘카드

가리키다 vs 가르치다

가리키다	가르치다
손가락 등으로 어떤 방향이나 대상을 집어서 보이거나 말하거나 알리다	지식이나 기능, 이치 따위를 깨닫게 하거나 익히게 하다

 **우리말 사용법**

> • 가르친 보람이 있다.
> • 나침반의 바늘 끝은 언제나 북쪽을 가리킨다.
> • 손가락으로 글자를 가리키며 가르친다.

✦ 배운 단어를 사용해 문장을 만들어 보세요.

 **우리말 퀴즈**

✦ 아래 문장을 읽고 밑줄 친 부분을 바르게 고쳐 보세요.

> • 아버지는 시계를 <u>가르치며</u> 시간이 너무 흘러 버렸다고 하셨다.

> • 할머니께 스마트폰 사용법을 <u>가리켜</u> 드리다가 속이 터졌다.

> • 목표물을 향해 손가락을 펴 힘껏 <u>가르켰다</u>.

정답 가리키며 → 가리키며, 가리켜 → 가르쳐, 가르켰다 → 가리켰다

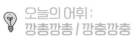

토끼는 깡총깡총 뛰는 걸까?
깡충깡충 뛰는 걸까?

산토끼 토끼야 어디로 가느냐.

깡총깡총 뛰면서 어디를 가느냐.

동요 〈산토끼〉의 가사입니다. 그래서 많은 학생이 '깡총깡총'이 맞다고 생각합니다. 교과서에 실린 동요가 틀릴 수가 없다고 생각하는 것이지요. 그러니 '깡총깡총'이 올바른 표현으로 대접을 받습니다. 그런데 잘못되었습니다. 동요에서는 깡총깡총이지만, 표준어는 '깡충깡충'입니다.

의성어(사람이나 사물의 소리를 흉내 낸 말)와 의태어(사람이나 사물의 모양이나 움직임을 흉내 낸 말)에서는 모음조화 현상이 잘 나타납니다. 모음조화란 '양성모음은 양성모음끼리, 음성모음은 음성모음끼리 어울리는 현상'을 말합니다.

양성 모음에는 'ㅏ, ㅗ, ㅑ, ㅛ, ㅚ, ㅐ'가 있고 음성 모음에는 'ㅓ, ㅜ, ㅕ, ㅠ, ㅟ, ㅔ, ㅡ, ㅢ'가 있습니다.

'알록달록, 얼룩덜룩, 사각사각, 서걱서걱, 종알종알, 중얼중얼'을 보면 양성모음은 양성모음끼리, 음성모음은 음성모음끼리 어울리고 있지요.

양성모음이 모이면 가볍고 밝은 느낌이 듭니다. 반대로 음성모음이 모이면 무거운 느낌을 줍니다. 예를 들어 '퐁당퐁당'은 양성모음으로 이루어져서 밝고 가벼운 느낌을 주고, '풍덩풍덩'은 음성모음끼리 이루어져서 무거운 느낌을 줍니다.

깡충깡충은 토끼 같은 동물이 짧은 다리로 힘차게 뛰어오르는 모양을 나타낸 말입니다. 그런데 이상하지 않나요? 방금 배운 모음조화 규칙에는 어긋나 있으니 말이에요. 모음조화 규칙에 따르면 '깡총깡총'이 되어야 합니다. 그러니 깡총깡총이 표준어가 되어야 맞지 않을까요?

그런데 깡총깡총보나는 '깡충깡충'이 현실에서 더 닐리 쓰여 깡충깡충을 표준어로 정했다고 합니다. 모음조화라는 원칙보다 '많은 사람이 널리 사용한다는 점'이 우선시된 것이지요.

'오뚝이'와 '오똑이'도 마찬가지입니다. 오똑이가 맞는 표기법이지만 더 익숙하고 많이 사용하는 단어인 오뚝이가 표준어로 인정받았습니다.

한눈에 보는 어휘카드

깡총깡총 VS 깡충깡충

깡총깡총	깡충깡충
비표준어	짧은 다리를 모으고 힘 있게 솟구쳐 뛰는 모양

 **우리말 사용법**

- 여학생들은 고무줄 놀이를 하며 깡충깡충 뛰놀았다.
- 장난감을 선물로 받고 신이 나서 깡충깡충 뛰어다녔다.
- 용돈을 받고 장난감 가게로 깡충깡충 뛰어갔다.

✦ 배운 단어를 사용해 문장을 만들어 보세요.

 우리말 퀴즈

✦ 보기에 있는 단어는 모음조화가 잘된 단어입니다. 양성모음끼리 어울린 단어에는 ○표를, 음성모음끼리 어울린 단어에는 △표를 해보세요.

<보기>

알록달록, 꿀꺽꿀꺽, 사각사각, 종알종알, 중얼중얼

풍덩풍덩, 수군수군, 포동포동, 번들번들

- 양성모음: ㅏ, ㅗ, ㅑ, ㅛ, ㅚ, ㅐ
- 음성모음: ㅓ, ㅜ, ㅕ, ㅠ, ㅟ, ㅔ, ㅡ, ㅢ

웃어른일까?
윗어른일까?

교과서에 웃어른이라는 단어가 나왔습니다. 한 학생이 손을 번쩍 들고 질문을 합니다.

"선생님, 웃어른이 아니라 윗어른 아니에요?"

'웃'이라는 단어가 익숙하지 않으니 이런 질문을 하기 쉽습니다. 유심히 잘 봤다고 칭찬하며 설명을 해주었습니다.

'웃어른'과 '윗어른', 둘 다 어른을 가리키는 말인 것 같은데 뭐가 맞는지 늘 헷갈립니다. '윗'과 '웃'은 모두 다른 낱말 앞에 붙어 '위'라는 뜻을 더해 주지만 경우에 따라 구분해서 써야 합니다.

'웃마을/윗마을', '웃사람/윗사람', '웃도리/윗도리', '웃돈/윗돈', '웃목/윗목', '웃니/윗니', 나올 때마다 둘 중 무엇이 맞는지 헷갈립니다. 하지만 한 가지만 알면 구분이 쉬워집니다.

'웃'과 '윗'은 명사 '위'에 맞추어 '윗'으로 통일하는 것이 원칙이지만, 아래·위의 대립이 없는 단어에는 '웃'을 붙입니다. 이 사실만 기억하면 됩니다.

'웃어른'은 이와 대립되는 '아랫어른'이라는 말이 없으므로 '윗어른'이 아니라 '웃어른'으로 표기하는 것이 맞습니다. 위와 아래의 구분이 분명한 말에는 '윗-'을 붙여 쓰고, 위와 아래의 구분이 분명하지 않은 말에는 '웃-'을 붙여 쓰는 것입니다. 즉 짝이 없는 말에는 '웃'을 쓴다고 기억하면 좋겠지요.

예를 들어 다음 단어는 위와 아래의 구분이 명확하므로 '윗-'을 사용합니다.

윗니 ↔ 아랫니

윗마을 ↔ 아랫마을

윗도리 ↔ 아랫도리

윗목 ↔ 아랫목

반면 '웃돈'은 '윗돈/아랫돈'처럼 위와 아래로 구분할 수 없으니 '윗돈'이 아니라 '웃돈'이라고 씁니다.

단 '윗'을 붙이는 경우, 뒤에 오는 낱말이 된소리(ㄲ, ㄸ, ㅃ, ㅆ, ㅉ) 또는 거센소리(ㅋ, ㅌ, ㅍ, ㅊ)로 시작되면 '윗'이 아닌 '위'를 씁니다. '위쪽', '위층'처럼 말이죠.

 한눈에 보는 어휘카드

웃어른 vs 윗어른

웃어른	윗어른
나이나 지위, 신분, 항렬 따위가 자기보다 높아 직접 또는 간접으로 모시는 어른	비표준어

우리말 사용법

- 웃어른의 말씀은 잘 새겨들어야 한다.
- 웃어른 앞에서는 모든 것이 조심스럽다.
- 웃어른들께 예의 바르게 행동해야 한다.

✦ 배운 단어를 사용해 문장을 만들어 보세요.

_____

_____

우리말 퀴즈

✦ 괄호 안에 들어갈 낱말로 바른 것에 O표 하세요.

- 민희는 아랫니로 [윗입술/웃입술]을 깨무는 버릇이 있다.

- [윗눈썹/웃눈썹]이 유달리 길어서 마치 연예인 같다.

- 칫솔질할 때는 [윗니/웃니]와 아랫니를 골고루 닦아야 한다.

- 집 앞 골목에서 [위집/윗집]에 사는 여자아이와 종종 마주치곤 한다.

다리가 두껍다?
다리가 굵다?

손흥민 선수의 인기가 뜨겁습니다. 손흥민 선수가 골을 넣은 다음 날에는 교실이 시끌벅적합니다. 슈팅 장면을 따라 하는 것은 기본이고요. 운동장에서 축구를 하는 학생 수도 많아집니다.

"어제 손흥민 선수 골 봤어?"

"70m 폭풍 질주 슛이라니. 대박이야."

그때 한 아이가 손흥민 선수의 다리 이야기를 꺼냅니다.

"다리 봤어? 얼마나 두꺼운지 몰라."

"허벅지는 또 어떻고. 두꺼운 하체에서 폭발적인 힘이 나오나 봐."

"손흥민 선수 아버지가 하체 훈련을 그렇게 열심히 시켰대."

아이들의 대화에 선생님이 잠시 끼어듭니다.

"그런데 여러분, 다리가 두꺼운 걸까요? 굵은 걸까요?"

순식간에 찬물을 끼얹는 질문에 아이들이 싸늘한 눈빛으로 선생님을 바라봅니다. 그래도 정확한 표현을 알려 주는 것이 선생님의 임무이니 설명해 주었습니다.

'두껍다'와 '굵다'는 비슷한 느낌을 주는 단어라서 혼동해서 사용하기 쉽습니다. 잘못 사용해도 의미가 통하기에 그냥 넘어가는 경우가 많습니다. 학생들의 대화에서도 아무도 두껍다는 단어를 짚고 넘어가지 않는 것처럼요.

두껍다는 '부피가 있는 물체의 두께가 보통의 정도보다 크다'는 뜻입니다. 즉 '두께'를 나타내는 말입니다. '두꺼운 이불, 두꺼운 옷'처럼요.

굵다는 주로 '길쭉한 물체의 둘레가 길거나, 둥그런 물체의 부피가 크다'는 뜻입니다. 물체의 지름이 보통 수준을 넘어갈 때 '굵다'라고 표현합니다. '굵은 팔뚝, 굵은 빗줄기'처럼 쓰입니다. 길쭉하다는 데 초점을 맞춰서 생각하면 좋습니다.

사람의 신체를 예로 들면, 입술·뱃살·눈두덩이는 두께가 있으므로 '두껍다'나 '얇다'라고 표현합니다. 반면 머리카락·목·허리·손가락·팔목·팔뚝·허벅지·종아리·발목 등은 길쭉한 부위라서 '굵다'나 '가늘다'로 표현하지요.

둘 중 어떤 단어를 선택해야 할지 고민된다면 반대말을 넣어 보세요. 굵다는 굵기와 관련된 말이니 반대말은 '가늘다'입니다. 두껍다는 두께와 관련된 말이니 반대말은 '얇다'입니다. '책이 두껍다'고 표현해야 할까요? '책이 굵다'라고 표현해야 할까요? 반대말을 넣어 봅니다. '책이 얇다'는 말이 되지만 '책이 가늘다'는 어색합니다. 그러니 '얇다'의 반대말인 '두껍다'를 써야 합니다.

이제 손흥민 선수의 힘의 비밀을 정확히 표현할 수 있겠죠? 그 힘의 원천은 두꺼운 다리가 아니라 굵은 다리라는 것을요.

 한눈에 보는 어휘카드

두껍다 vs 굵다

두껍다	굵다
두께가 보통 정도보다 크다	물체의 지름이 보통의 경우를 넘어 길다

우리말 사용법

- 손마디가 굵어서 반지가 들어가지 않는다.
- 추워서 옷을 두껍게 입었다.
- 귤껍질이 두껍다.

✦ 배운 단어를 사용해 문장을 만들어 보세요.

우리말 퀴즈

✦ 괄호 안에 들어갈 낱말로 바른 것에 ○표 하세요.

- 책상에는 먼지가 [굵게/두껍게] 앉았다.

- 팔뚝이 [굵어/두꺼워] 옷이 잘 맞지 않는다.

- 얼음이 [굵게/두껍게] 얼었더라.

- [굵은/두꺼운] 벽이 가로놓여 있다.

- 대추가 알이 [굵고/두껍고] 실하다.

정답 두껍게, 굵어, 두껍게, 두꺼운, 굵고

햇빛처럼 빛나는 얼굴일까?
햇볕처럼 빛나는 얼굴일까?

"윽, 서준아~. 난 선생님의 외모가 햇볕처럼 빛나서 눈을 뜰 수가 없어."

"맞아! 하준아. 이렇게 멋진 선생님이 체육 시간에 피구를 하게 해주시면 얼마나 더 멋있을까? 우리 반 모두의 소원인데 말이야."

피구를 무척 하고 싶은 두 친구가 쉬는 시간에 선생님 앞에서 연기를 합니다. 이럴 정도로 피구를 하고 싶어 하다니 피식 웃음이 납니다. 하지만 무작정 허락할 수는 없으니 일단 공부부터 해야겠죠?

우리말에는 해와 관련한 말이 참 많습니다. 농사를 지어 먹고살던 우리 조상에게 날씨는 매우 중요했습니다. 날이 화창할지, 비가 올지를 정확히 알아야 농사를 성공적으로 지을 수 있었거든요.

해와 관련해서 가장 헷갈려하는 단어가 햇볕과 햇빛입니다. 그래서 아이들에게 퀴즈를 냈습니다.

"이 퀴즈를 맞히면 피구 하게 해줄게. 방금 하준이가 말한 '햇볕처럼 빛나는 선생님의 외모'에서 잘못된 부분이 뭘까?"

한참을 고민하던 두 아이가 이렇게 대답합니다.

"음. 빛나는 선생님의 외모? 사실 빛나지 않으니……까요."

아이의 괴씸한 답변에 없던 일로 하려다가 마음을 다스리고 차분히 설명해 주었습니다.

햇볕은 '해가 내리쬐는 뜨거운 기운'이라는 뜻입니다. 줄여서 '볕'이라고도 합니다. 날씨가 무척 더운 여름날, "뙤약볕 아래 작업을 조심하시길 바랍니다."라는 말을 들어 본 적이 있나요? 뙤약볕은 '여름날에 강하게 내리쬐는 몹시 뜨거운 볕'이라는 뜻입니다. '볕'은 기운으로 우리가 느낄 수 있는 거예요. '햇볕이 따뜻하다, 햇볕에 그을리다, 햇볕을 쬐다' 등으로 사용되지요. '햇볕이 따뜻하다'는 따뜻한 해의 기운을 의미합니다. '햇볕에 그을리다'는 태양의 따뜻한 기운을 받아 피부가 그을린 것을 말합니다. '햇볕을 쬐다'는 해의 따뜻한 기운을 쬐고 있는 모습입니다.

한편 햇빛은 '해의 빛'이라는 뜻입니다. 해가 비추는 빛을 가리키는 것이지요. '햇빛이 비치다, 햇빛을 가리다, 햇빛에 반사되어 반짝이다'와 같이 쓰입니다. 이처럼 '햇빛'은 '밝음' 그 자체를 가리킵니다.

그럼 선생님의 외모는 햇볕처럼 빛난 걸까요? 햇빛처럼 빛난 걸까요? 맞습니다. '빛'나는 것이니 '햇빛'을 사용해야 합니다. 물론 실제 '빛나게' 생기진 않았습니다.

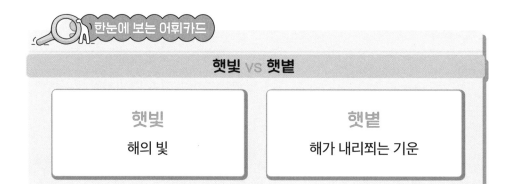

한눈에 보는 어휘카드

햇빛 vs 햇볕

햇빛	햇볕
해의 빛	해가 내리쬐는 기운

- **햇볕**이 강해서 살이 탔다.
- **햇볕**이 잘 드는 넓은 마당
- 식물의 생장에는 적당한 **햇빛**이 필요하다.

✦ 배운 단어를 사용해 문장을 만들어 보세요.

─────────────────────────────

─────────────────────────────

 우리말 퀴즈

✦ 아래 일기를 읽고 틀린 부분을 찾아 바르게 고치세요.

· ○○○○년 ○○월 ○○일 ○요일	· 날씨: 맑았다 흐림

동물원 대탐험

오늘은 동물원에 놀러 갔다. 하늘을 쳐다보니 ① 햇빛에 눈이 부셨다. ② 햇볕이 강렬하게 내리쬐는 무더운 여름 날씨였다. 아무리 더운 날씨도 신난 우리 가족을 막을 순 없었다. 우리는 제일 먼저 동물원 가장 안쪽에 있는 사자를 보러 뛰어갔다. 그런데 웬일이지? 사자가 한 시간이 넘게 동굴 안에 들어가 있는 게 아닌가! 동물의 왕인 사자도 ③ 햇빛에 그을리는 건 싫은가 보다. 오후가 되자 날씨가 흐려졌다. ④ 햇빛이 사라지니 사자 가족이 동굴 밖으로 나왔다.

틀린 부분 (　　　　　　　) 바르게 고치기 (　　　　　　　　　　)

해님? 햇님?
아리송한 사이시옷

새해가 시작되는 음력 1월 15일 정월대보름이 되면 달님에게 소원을 비는 풍습이 있습니다. 올해 여러분은 어떤 소원을 빌었나요? 그 소원이 무엇이든 꼭 이루어지길 바랄게요.

그런데 달은 이렇게 달님이라고 부르는데, 해는 뭐라고 불러야 할까요? 햇님? 해님? 한번 소리 내서 읽어 보세요. 왠지 햇님이 더 자연스러운 기분이 듭니다. 혹시 해와 달이 된 오누이 이야기, 기억나나요? 그 전래동화의 제목이 〈햇님 달님〉이었나요? 〈해님 달님〉이었나요?

정답은 '해님'이 맞습니다. 해를 인간처럼 여겨 높이거나 다정하게 부르는 말입니다. '해님이 구름 속에 숨었어요'처럼 씁니다.

'해'와 '님'이 합쳐지면서 사이시옷이 생긴다고 착각해 '햇님'이라 표기하는 경우를 종종 볼 수 있는데 이는 틀린 표기입니다.

사이시옷은 '햇볕'처럼 명사 '해'와 명사 '볕'이 결합한 합성어에 들어가는 것이 원칙입니다. 그러나 '해님'은 명사 '해'와 접미사 '님'이 결합한 파생어이기 때문에 사이시옷이 들어가지 않습니다.

여기서 잠깐, 합성어와 파생어에 대해 알아볼까요? 뜻을 가진 가장 작은 말의 단위를 형태소라고 합니다. 형태소와 형태소가 만나서 만들어진 말이 '합성어'입니다. 쉽게 말해, 말이 되는 두 단어가 합쳐진 말이라고 이해하면 됩니다.

형태소에 '접사'가 붙어 만들어진 말이 '파생어'입니다. 접사란 단어에 붙어 새로운 의미를 만들어 내는 부분으로, 예를 들어 '선생님'의 '-님', '풋사과'의 '풋-' 등입니다. 이 '접사'라는 녀석은 혼자 쓰이지 않고 단어의 앞이나 뒤에 붙어 사용됩니다. 앞에 붙으면 접두사, 뒤에 붙으면 접미사라고 불러요. '님'이라는 말이 혼자 사용되진 못하죠. '선생'에 붙어 '선생님'이 되거나, '고객'에 붙어 '고객님'이 됩니다.

형태소, 합성어, 파생어, 접사는 다소 어려운 개념입니다. 초등학생이 완벽히 이해하기엔 무리가 있습니다. 그럼에도 소개하는 이유는 '해님'과 '햇님'처럼 사이시옷을 넣을지 말지 구분해야 할 때가 제법 있기 때문입니다. 만약 설명이 이해되지 않는다면, 이거 하나만 기억해 주세요. '햇님'이 아니라 '해님'이라는 것만요.

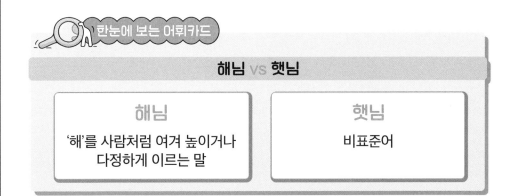

한눈에 보는 어휘카드

해님 vs 햇님

해님	햇님
'해'를 사람처럼 여겨 높이거나 다정하게 이르는 말	비표준어

우리말 사용법

- 해님이 방긋 웃다.
- 해님이 동쪽에서 얼굴을 쏙 내밀었습니다.
- 해님이 숨바꼭질을 할 때, 마을에는 저녁연기가 피어올랐다.

✦ 배운 단어를 사용해 문장을 만들어 보세요.

우리말 퀴즈

✦ 다음 중 잘못 사용된 단어의 번호를 고르세요.

- **예찬**: 손에 들고 있는 책은 무슨 책이야?
- **하준**: 오늘 학교에서 빌려 온 책이야. 제목은 〈① 해님 달님〉이야.
- **지혜**: 어릴 때 읽었던 동화책 말이야?
- **하준**: 이 책은 동화책을 바탕으로 소설 작가가 새롭게 재구성한 청소년 소설이야.
- **서준**: 우와. 재미있겠다. 그 책에서도 ② 햇님과 달님이 주인공이야?
- **하준**: 응, 맞아. 동화책처럼 해와 달이 등장해.

(   )

② 日郘

64

지금은 한참 자랄 때일까?
한창 자랄 때일까?

"그렇게 많이 먹을 수 있다고?"

　마라탕 열풍이 불자 급식 메뉴에 순한 마라탕이 나왔습니다. 한 학생이 온 식판에 마라탕을 담아 옵니다. 밥 칸, 국 칸, 반찬 칸에 전부 말이지요. 배가 아무리 고파도 물리지 않을까 싶은 양이었습니다. 다 먹을 수 있겠냐고 물었습니다.

　"네. 많이 먹어야죠. 저는 한참 클 때잖아요. 배부르려면 한창 멀었어요."

　발음이 비슷한 두 단어가 보이나요? 오늘은 마라탕을 좋아하는 학생이 실수한 어휘를 통해 우리말 실력을 쌓아 봅시다.

　'한참'과 '한창', 두 단어는 발음과 표기가 비슷해서 구분하기가 쉽지 않습니다. 어렵지 않은 단어인데 막상 정확한 표현을 고르라고 하면 헷갈립니다.

　한창은 '어떤 일이 가장 활기 있고 왕성하게 일어나는 때, 어떤 상태가 가장 무르익은 때'를 말합니다. 기운이나 의욕이 가장 넘칠 때를 가리키는 말이라고 할 수 있습니다. 제철을 맞은 채소나 과일을 가리킬 때, 꽃이 가장 풍성하고 활짝 피어나는 시기 등을 나타낼 때 사용합니다. '벚꽃이 한창인 봄에 놀러 가면 좋겠다, 들판에서는 벼가 한창 무성하게 자란다'처럼요. 뭔가가 가장 활발하게 진행 중일 때 사용하는 단어가 '한창'입니다.

한참은 '시간이 상당히 지나는 동안, 오랫동안, 한동안'이라는 의미입니다. '아빠는 우리를 한참 기다렸다, 선생님은 한참 동안 말이 없었다, 아직도 숙제가 한참 남았다'처럼 사용합니다.

한창이 무엇이 가장 왕성하게 일어나는 '현재진행'의 말이라면, 한참은 시간이 지나는 동안을 뜻하는 '경과의 개념'인 셈입니다.

그래도 헷갈린다면 한참이라는 낱말의 유래를 알면 구별이 좀 더 쉬워집니다. 한참은 원래 '두 역참 사이의 거리'를 뜻하는 말이었습니다. 자동차도 기차도 없던 옛날, 넓은 땅을 효과적으로 다스리고 물자를 운반하기 위해 말을 달려 하루 안에 갈 수 있는 거리마다 역을 세웠습니다. 지금의 버스 터미널 같은 거죠. 역참에는 간단한 숙박 시설, 말, 생활필수품 등이 준비되어 있습니다. 암행어사가 지니고 다니는 마패는 이 역참을 이용할 때 필요한 물건이었습니다.

보동 역참은 40km 정도의 거리마다 두었습니다. 당연히 역참과 역참 사이를 오가는 데 시간이 오래 걸렸겠죠? 그래서 역참 사이의 거리를 뜻하는 한참이 시간이 오래 걸린다는 의미로 쓰이게 되었다고 합니다.

한눈에 보는 어휘카드

한참 vs 한창

한참	한창
시간이 상당히 지나는 동안	어떤 일이 가장 활기 있고 왕성하게 일어나는 때

우리말 사용법

- 아직 한참 멀었다.
- 공사가 한창인 아파트.
- 요즘 산에는 진달래가 한창이다.

✦ 배운 단어를 사용해 문장을 만들어 보세요.

우리말 퀴즈

✦ 괄호 안에 들어갈 낱말로 바른 것에 ○표 하세요.

- 하필 [한참/한창] 바쁠 때 와서 그러니?

- 담장을 따라 [한참/한창]을 걸어가니 기와집이 나왔다.

- 꽃샘추위가 [한참/한창] 기승을 부릴 때 우리는 이사를 했다.

- 친구는 약속 시간을 [한참/한창]이나 지나고 나타났다.

- 전학 간 친구를 그리워하며 [한참/한창] 동안 울었다.

정답 '한창', '한참', '한창', '한참', '한참'

친구를 좇는 걸까?
쫓는 걸까?

〈이상한 나라의 앨리스〉라는 책을 읽어 봤나요? 앨리스가 현실과는 전혀 다른 이상한 나라에 도착해 겪는 기상천외한 모험 이야기입니다. 우연히 마주한 흰 토끼를 쫓아 굴속으로 따라 들어가면서 모험이 시작되지요.

소설 속 앨리스처럼 우리는 무언가를 쫓을 때 쫓다라는 표현 말고 좇다라는 표현을 사용하기도 합니다. 오늘은 '쫓다', '좇다', 이 두 단어에 대해 살펴보고자 합니다.

좇다는 '목표, 이상, 행복 따위를 추구하다'라는 뜻입니다. 쫓다는 '어떤 대상을 잡거나 만나기 위하여 급히 뒤따르다'라는 뜻이지요.

좇다와 쫓다는 둘 다 어떤 것을 목표로 해 이루고자 한다는 의미가 담겨 있어서 뜻을 살펴봐도 헷갈립니다. 하지만 예문으로 비교하면 그 차이를 분명히 느낄 수 있지요.

"닭 쫓던 개 지붕 쳐다본다."라는 속담이 있습니다. 개는 닭이라는 구체적인 존재, 손으로 잡을 수 있는 것을 잡으려고 했습니다. 또 '술래는 도망가는 친구를 잡으려고 열심히 쫓아갔다'라는 문장을 봅시다. 술래 역시 눈에 보이고 손으로 잡을 수도 있는 구체적인 대상인 친구를 쫓아갔습니다. 즉 쫓다는 주로 눈에 보이는 사람이나 사물을 뒤따를 때 사용합니다.

반면 좇다는 눈에 보이지 않는 것을 뒤따를 때 주로 사용합니다. 목표나 명예, 꿈 따위를 추구한다는 뜻이기 때문이지요. '사람은 살기 편한 것을 좇게 마련이다, 부모님의 의견을 좇기로 했다'처럼 쓸 수 있습니다.

그럼 도망가는 범인을 잡기 위해 달려가는 경찰관의 모습을 설명할 때, '범인을 좇다'라고 해야 할까요? '범인을 쫓다'라고 해야 할까요? '쫓다'를 사용해야 합니다. 범인이라는 구체적인 대상을 잡기 위한 행동이니까요.

또 다른 질문입니다. 성공해서 높은 자리에 오르고 싶은 사람을 가리킬 때, '성공을 좇는 사람'이라고 해야 할까요? '성공을 쫓는 사람'이라고 해야 할까요? '좇다'를 사용해야 합니다. 성공이라는 추상적인 것을 추구하는 행동이기 때문입니다.

그래도 헷갈린다면 '물리적인 공간의 이동'이 있는지 살펴보면 됩니다. 공간의 이동이 있으면 '쫓다'를 쓰고, 공간의 이동이 없다면 '좇다'를 씁니다.

 한눈에 보는 어휘카드

좇다 vs 쫓다

좇다	쫓다
목표, 이상, 행복 따위를 추구하다	어떤 대상을 잡거나 만나기 위해 뒤를 급히 따르다

우리말 사용법

- 돈과 명예를 좇는 사람.
- 사냥꾼이 노루를 쫓았다.
- 숙제를 하자마자 친구들이 있는 놀이터로 쫓아갔다.

✦ 배운 단어를 사용해 문장을 만들어 보세요.

_____

_____

우리말 퀴즈

✦ 괄호 안에 들어갈 낱말로 바른 것에 ○표 하세요.

- 아버지의 유언을 [좇다/쫓다].

- 돈만 [좇아/쫓아] 살아온 삶을 후회했다.

- 경찰이 달아나는 도둑을 [좇다/쫓다].

- 엄마가 그네를 향해 뛰어가는 아기를 [좇다/쫓다].

정답 좇다, 좇아, 쫓다, 쫓다

주스 한 잔 마실래?
쥬스 한 잔 마실래?

오늘 음악 시간에 있었던 일입니다. 애니메이션 〈겨울왕국〉 OST로 유명한 노래 〈렛잇고(Let it go)〉를 다 같이 불렀습니다. 반주가 나올 때부터 아이들의 몸이 들썩입니다. 마침내 후렴구 'Let it go~ let it go~'가 나오자 모두 한마음이 되어 소리치듯이 부릅니다. 그리고 다시 조용해집니다. 이어지는 가사는 어렵거든요. 그래서 이번 기회에 영어 가사를 공부하기로 했습니다. 영어와 함께 소리 나는 대로 발음을 적어 줬지요. '턴 어웨이 앤드 슬램 더 도어'처럼요.

　그때 한 학생이 질문을 했습니다.

　"선생님, 그런데 주스에요? 쥬스예요?"

　이렇게 영어 발음을 우리말로 쓰자니 애매할 때가 있습니다. 초콜릿인지 쵸콜릿인지, 주스인지 쥬스인지 말이죠.

　학생들에게 뭐가 맞는 것 같냐고 물으니, 대부분 '쥬스, 쵸콜릿'이 맞는 것 같다고 답하더군요. '주스'보다는 '쥬스'라고 하는 게 뭔가 더 본토 영어 발음처럼 느껴진다고요. 게다가 카페에 가면 쥬스라고 쓰여 있는 경우도 많으니 그렇게 생각할 법합니다.

　그런데 올바른 표기법은 '주스', '초콜릿'입니다. 외국어지만 국어처럼 널리 쓰이는 단어를 '외래어'라고 합니다. 예를 들어 버스, 컴퓨터, 피아노 등이 있습니다. 맞춤법, 띄어쓰기처럼 한글 표기법이 있듯이, 외래어에도 '외래어 표기법'이 있습니다. 외래어를 마음대로 표기해서 생기는 혼란을 줄이기 위해 존재하는데요, 말소리를 올바르게 표기하는 방법이 함께 소개됩니다. 주스는 영어로 'juice'인데 영어사전을 보면 발음기호가 [dʒuːs]로 나옵니다. 이 발음을 한글 대조표에 따라 적으면 주스가 됩니다. 이유는 다음과 같아요.

자음 ㅈ, ㅊ은 입천장에서 소리가 나서 '입천장소리'라고 하는데 이를 한자로는 '구개음'이라고 합니다. 구개음 뒤에서는 모음 소리가 잘 구별되지 않습니다. 발음만 듣고 '자'와 '쟈'를 구분하기 어려운 것처럼요.

자음 ㅈ, ㅊ 뒤에 이중모음(ㅑ, ㅕ, ㅠ, ㅛ)이 붙어도, 단모음(ㅏ, ㅓ, ㅜ, ㅗ)을 사용할 때와 발음은 거의 똑같습니다. 그래서 단모음으로 표기하기로 정한 것이지요. 그러니 '쟈, 져, 죠, 쥬, 챠, 쳐, 쵸, 츄'는 잘못된 표기이고, '자, 저, 조, 주, 차, 처, 초, 추'가 맞습니다.

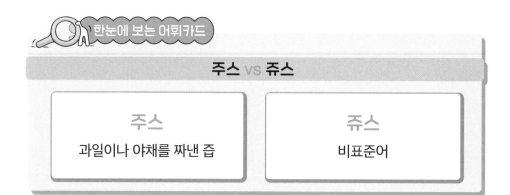

한눈에 보는 어휘카드

주스 vs 쥬스

주스	쥬스
과일이나 야채를 짜낸 즙	비표준어

우리말 사용법

- 주스를 한 잔 마시다.
- 오렌지를 갈아서 주스를 만들었다.
- 초콜릿은 내가 가장 좋아하는 간식이다.

✦ 배운 단어를 사용해 문장을 만들어 보세요.

 **우리말 퀴즈**

✦ '버스, 컴퓨터, 피아노'처럼 일상에서 자주 사용해서 우리말 같지만 알고 보면 외래어인 단어가 꽤 많습니다. 다섯 개 이상 찾아봅시다.

함께 익혀요

- 리더쉽 (X) 리더십 (O)
- 텔레비젼 (X) 텔레비전 (O)
- 스프 (X) 수프 (O)
- 부페 (X) 뷔페 (O)
- 까페 (X) 카페 (O)
- 커텐 (X) 커튼 (O)
- 도너츠 (X) 도넛 (O)
- 수퍼마켓 (X) 슈퍼마켓 (O)

인류는 불을 발명한 걸까? 발견한 걸까?

의외로 아이들이 헷갈려하는 단어로 '발명'과 '발견'이 있습니다.

두 단어 모두 어떤 노력의 결과로 무엇인가를 이루어 냈다는 공통점이 있다 보니 혼동이 되는 것이지요.

발명은 '일어날 발(發)', '밝을 명(明)'으로 이루어져, '없었던 무엇인가가 생김으로써 세상이 더욱 밝아지고 나아졌다'는 의미를 담고 있습니다. 발명의 영어 단어는 '생각이 떠오르다'라는 라틴어 이벤티오(invéntǐo)에서 유래했습니다. 즉 발명은 생각이 떠올라서 이전에는 없던 것을 만들어 낸 것이라고 할 수 있습니다.

여기서 중요한 점은 '지금까지 없던 것'이라는 점입니다. 존재하지 않았는데 이번에 등장하면서 최초가 된 것이지요.

발견은 '일어날 발(發)'과 '볼 견(見)'이 합쳐진 말입니다. 눈으로 본 것이니 '이전부터 이미 있었지만 세상에 알려지지 않은 어떤 것을 찾아낸다'는 뜻입니다. 다시 말해 전부터 존재했지만 아직 알려지지 않은 것을 이번에 찾아낸 것입니다. 콜럼버스가 아메리카 신대륙을 발견했다고 말하는 것도, 신대륙은 원래부터 있었지만 그 존재를 몰랐었기 때문입니다. 유물과 유적 발견도 마찬가지입니다. 땅속에 묻혀서 몰랐던 것을 찾아낸 것이지요.

발명과 발견이 헷갈릴 때는 '이전부터 있었느냐, 없었느냐'로 구분하면 됩니다. 이전에 없었던 것이면 발명입니다.

그렇다면 불은 발명일까요, 발견일까요?

발견입니다. 인간 생활에 없어서는 안 되는 불을 흔히들 '인류 최대의 발견'이라고 합니다. 불은 자연에 이미 존재했고, 인간이 그것을 찾아낸 것이기 때문이지요.

불을 만드는 도구, 이를테면 부싯돌이나 라이터 같은 도구는 발견한 걸까요, 발명한 걸까요? 발명입니다. 이전에 없었던 것을 만들어 낸 것이기 때문이지요.

한눈에 보는 어휘카드

발명 vs 발견

발명 發明	발견 發見
아직까지 없던 기술이나 물건을 새로 생각하여 만들어 냄	미처 찾아내지 못했거나 아직 알려지지 않은 사물이나 현상, 사실 등을 찾아냄

- 새로운 행성을 발견했다.
- 큰 병은 초기에 발견하는 것이 중요하다.
- 에디슨은 전기를 발명했다.

✦ 배운 단어를 사용해 문장을 만들어 보세요.

우리말 퀴즈

✦ 다음 문장을 읽고, 발명인지 발견인지 판단해 보세요.

문장	발견 or 발명
① 새로운 항로를 찾아냄	
② 먼 거리에 있는 사람에게 연락할 수 있는 전화기를 만들어 냄	
③ 그 사람이 앓고 있는 병을 찾음	
④ 새로운 문자를 창조함	
⑤ 땅속에 묻혀 있는 유물의 존재를 알게 됨	

우유갑 던지지 마!
우유곽 던지지 마!

생활용품 가운데 우리나라에서 최초로 만들어진 발명품이 있습니다. 쿠션 파운데이션, 이태리타월, 김치냉장고 등이 그 예입니다. 우유 팩 역시 1650년대 우리나라 사람이 만들었다고 해요. 이런 이야기를 들으면 왠지 모르게 뿌듯해지지요? 그런데 특허권으로 살펴보면 삼각형 지붕 모양의 우유 팩을 최초로 만든 사람은 존 반 워머라고 합니다. 흠, 정말로 우유 팩을 최초로 만든 사람은 누굴까요? 아리송해집니다. 그래도 분명한 사실이 하나 있지요. 우유 팩을 맨 처음 만든 사람이 누군지는 헷갈려도, 그것을 부르는 말은 헷갈리면 안 된다는 것 말이에요.

"선생님~ 지혜가 우유곽 던졌어요."

초등학교에서는 매일 우유 급식을 합니다. 우유를 마신 다음에는 입구를 꼭 닫아 가지런히 우유 상자에 넣어야 합니다. 그렇게 하지 않으면 우유 당번이 우유 상자를 제자리로 가져다 놓다가 우유가 흘러서 옷에 묻을 수도 있습니다. 지혜가 우유곽을 던졌다고 이르는 하준이에게 말했습니다.

"지혜가 던진 것도 잘못되었고, 하준이가 한 말에도 잘못된 부분이 있구나."

갸우뚱하던 하준이가 금세 알아차렸습니다.

"우유곽이 아니라 다른 말을 써야 하나 보네요."

'우유가 담겨 있는 상자'는 '우유갑'이라고 합니다. 물건을 담는 작은 상자를 이르는 '갑 갑(匣)'이 붙은 말이지요. 갑 티슈, 성냥갑도 같은 예입니다. 그런데 우유갑이 아닌 우유곽이라고 말하는 경우가 많습니다.

'갑'과 '곽'을 살펴보면 '갑'은 한자어이고 '곽'은 고유어입니다. 그럼 이런 의문이 들 수 있습니다. '고유어가 올바른 표현이니까 고유어를 사용해야 하지 않나?' 학생들에게는 한자어나 외래어는 틀리고 고유어나 우리말은 맞다는 은근한 애국심이 있습니다. 그런데 무조건 고유어가 정답은 아닙니다.

그 이유를 표준어규정에서 알아볼 수 있습니다.

"고유어 계열의 단어가 생명력을 잃고 그에 대응되는 한자어 계열의 단어가 널리 쓰이면, 한자어 계열의 단어를 표준어로 삼는다."

이에 따라 덜 쓰이는 고유어 '곽'을 버리고, 널리 쓰이는 한자어 '갑'을 표준어로 삼은 것입니다. 그런데 이에 대해 많은 사람이 의문을 제기합니다. "나는 갑보다 곽이 더 익숙하고, 그게 더 자연스럽게 느껴지는데."라고 말이지요.

'곽'이라는 단어를 사람들이 계속 사용해서 생명력을 잃지 않는다면 언젠가 표준어규정이 개정되어서 '갑'과 '곽', 둘 다 표준어로 인정되거나, '곽'이 표준어가 될지도 모르겠습니다. 아무튼 지금은 '갑'이 맞습니다.

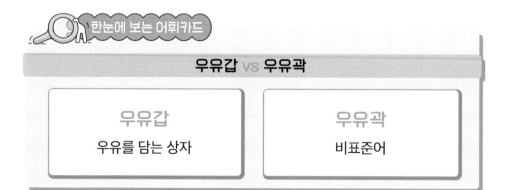

한눈에 보는 어휘카드

우유갑 vs **우유곽**

우유갑	우유곽
우유를 담는 상자	비표준어

- **우유갑**은 종이류로 재활용해야 한다.
- **우유갑**을 모아서 재활용 화장지를 만든다.
- 미술 작품을 만들기 위해 **우유갑**을 모았다.
- 우유를 마시고 **우유갑**을 가지런히 정리했다.

✦ 배운 단어를 사용해 문장을 만들어 보세요.

우리말 퀴즈

✦ 다음 대화를 듣고 틀린 설명을 한 친구를 고르세요.

- **승민**: '갑'은 한자어이고, '곽'은 고유어야.
- **지우**: 고유어 '곽'을 사용한 '우유곽'이 올바른 표현이야.
- **민주**: 고유어라도 꼭 표준어는 아니야. '갑티슈', '성냥갑'처럼 표준어에서는 '갑'을 사용해.
- **우진**: 맞아. 한자어지만 널리 사용되는 말이니 '우유갑'이 맞는 말이야.

(   )

어떤 말을 어떻게 써야 할지 몰라서 어떡해

아래 문장 중에 올바른 표현을 골라 볼까요?

> 비가 많이 와서 [어떡해/어떻게]?
>
> 네가 [어떡해/어떻게] 나한테 이럴 수 있어?

쉽게 정답을 고를 수 있었나요?

'어떡해'와 '어떻게'는 모두 '어떠하다'에서 나온 말입니다. 그래서 헷갈리는 것이죠. 어떠하다는 '의견, 성질, 형편, 상태 따위가 어찌 되어 있다'라는 뜻입니다.

이 '어떠하다'에 '-게'가 붙으면 '어떻게'가 되는데, 주로 다른 말을 꾸미는 역할을 합니다. 어떤 방법이나 방식으로, 어떤 이유로 등의 뜻으로 사용됩니다.

한편 '어떡해'는 '어떠하게 하다(=어떻게 하다)'의 줄임말로서 문장에서 서술하는 역할을 합니다.

설명이 더 어렵다고요? 그럼 이것만 기억하세요.

우리 행동을 뜻하는 서술어는 문장 맨 마지막에 나옵니다. '밥을 먹다, 옷을 입다'라는 문장에서 서술어는 '먹다, 입다'입니다. 그러니 '어떡해' 역시 문장의 마지막에 쓰입니다. 반면 '어떻게'는 뒤에 오는 말을 꾸미는 역할(부사)을 합니다. 그렇기 때문에 문장 맨 마지막에는 올 수 없고, 문장 사이에 사용되어야 하지요.

그럼 처음에 본 문장을 다시 살펴봅시다.

> 비가 많이 와서 [어떡해/어떻게]?

문장의 마지막에 나오니 '어떡해'가 맞습니다.

> 네가 [어떡해 / 어떻게] 나한테 이럴 수 있어?

중간에서 뒤에 오는 말을 꾸며 주고 있죠? 그러니 '어떻게'가 맞습니다.

문장에서 어느 위치에 오느냐에 따라 고르면 되니 구별하기가 참 쉽죠? 그런데 개구쟁이 학생이 더 쉬운 방법을 제안합니다.

"선생님, 그래도 헷갈리면 전부 '오또케'라고 귀엽게 말하면 돼요. 애교가 섞인 말은 아무도 틀렸다고 문제 삼지 않으니까요."

한눈에 보는 어휘카드

어떻게 vs 어떡해

어떻게	어떡해
어떠하다 + 게 (문장의 중간에서 뒤에 오는 말을 꾸미는 역할)	어떻게 하다 (문장의 끝에서 서술하는 역할)

- 나 또 실수하면 어떡해.
- 어떻게 된 일이니?
- 이 일을 어떻게 처리하지?

✦ 배운 단어를 사용해 문장을 만들어 보세요.

✦ 아래 문장을 읽고 ( ) 안에 맞으면 ○, 틀리면 X를 써넣으세요.

- '어떡해'와 '어떻게'는 모두 '어떠하다'에서 나온 말입니다.　　(　)
- '어떻게'는 뒤에 오는 말을 꾸미는 역할을 합니다.　　(　)
- '어떡해'는 문장의 마지막에 나옵니다.　　(　)

✦ 다음 대화를 듣고 '어떻게'와 '어떡해'를 올바르게 사용한 친구를 고르세요.

- **윤희**: 앗! 어떻게! 눈이 많이 내리네.
- **대성**: 학교 가기 힘들 텐데 어떡해?
- **수영**: 어떡해 가야 안전하게 등교할 수 있을까?

(　　　　　)

우리 조는 모둠일까? 모듬일까?

비가 오면 지글지글 전이 생각납니다. 그런데 왜 비 오는 날이면 전이 생각나는 걸 까요? 전을 구울 때 나는 소리가 빗방울이 창문이나 바닥에 부딪힐 때 나는 소리 와 비슷해서라는 이야기가 있습니다. 그 이유가 뭐든 간에 너무 배가 고파 전을 종 류별로 다양하게 먹고 싶을 때는 뭘 시켜야 할까요? '모듬' 전을 시켜야 할까요? '모 둠' 전을 시켜야 할까요?

정답은 '모둠'입니다. '여러 가지가 한데 섞여 모인 묶음'이라는 의미로 사용합니 다. 우리 반의 모둠을 떠올리면 이해하기 쉬울 거예요. 한 학급에서 학생들을 몇 명 씩 묶은 모임을 모둠이라고 하잖아요.

모둠의 어원부터 살펴볼까요?

모둠은 '모으다'의 옛말인, '모드다', '모두다'에 '-ㅁ'이 붙어서 형성된 것이라고 보는 견해가 있습니다. '모드다', '모두다'는 둘 다 현재는 사용되지 않지만, 함경도 와 경상남도 등의 일부 지역에서는 '모으다'의 의미로 남아 있습니다. 그러니 어원 적으로는 '모둠'과 '모듬'이 모두 맞는 말이라고 할 수 있습니다. 다만 현재 사용하 는 단어 중에는 '모둠'이 들어간 것이 많아서 '모둠'을 표준으로 여깁니다.

"선생님, 헷갈리는데 그냥 영어로 '세트(Set)'라고 하면 어때요? 모둠이랑 같은 뜻 아닌가요?"

　좋은 질문입니다. 식당에서 여러 종류의 음식을 한데 묶어서 내는 것을 보통 '세트 메뉴'라고 합니다. 짜장면+탕수육 세트, 햄버거+콜라 세트처럼요. 그런데 세트는 모둠과는 다릅니다. 짜장면과 탕수육의 조합이나 햄버거에 감자튀김과 음료수를 함께 주는 세트 메뉴 조합은, 함께 먹기에 좋은 음식을 묶은 것을 말합니다. 반면 모둠 메뉴는 여러 음식을 조금씩 다 맛볼 수 있게 한 것이기에 차이가 있습니다.

　그래도 헷갈리는 친구를 위해 한 친구가 도움을 줬습니다.

　"야, 모둠이라는 거는 여러 가지가 다 섞여 있다는 말이잖아. 그러니까 뭐라도 하나 더 있으면 좋겠지? 과자가 아홉 개보다는 열 개 들어 있는 게 더 좋은 것처럼, 맞지?"

　"응. 아홉 개보단 열 개가 낫지. 그게 왜?"

　"마찬가지야. 모'듬'보다는 모'둠'이 한 획을 더 그어야 하잖아. 그러니 여러 가지가 섞여 있는 게 모둠이 되는 거야."

　어때요? 기발한 생각이죠?

한눈에 보는 어휘카드

모둠 vs 모듬

모둠	모듬
학교에서 효율적인 학습을 위해 학생들을 작은 규모로 묶은 모임	비표준어

1 우리말 사용법

- 모둠 토의를 하기 위해 책상 대형을 바꿨다.
- 떡볶이에 모둠 사리를 추가해 먹으면 더 맛있다.
- 모둠 전을 주문했더니 열 종류가 넘는 전이 나왔다.

✦ 배운 단어를 사용해 문장을 만들어 보세요.

2 우리말 퀴즈

✦ '모둠 전, 모둠 강정, 모둠 과일, 모둠 스페셜'처럼 '모둠'이 들어간 단어를 찾아 써봅시다.

2장

중급편

들렸다? 들렀다?
기본형만 알면 참 쉽지~

여러분은 혹시 무서운 이야기를 좋아하나요? 선생님이 어렸을 때는 〈전설의 고향〉이 최고의 인기였습니다. 이 프로그램이 방영되는 날이면 텔레비전 앞에 모여서 벌벌 떨면서도 빠뜨리지 않고 챙겨 보았지요. 우리나라에 전해 내려오는 설화, 전설을 바탕으로 만든 드라마라 더욱 무서웠습니다.

그중 양반가 딸이 음식을 엄청나게 많이 먹어 치우는 이야기가 있었는데요, 그 딸의 몸에 항상 배가 고파서 음식을 탐하는 귀신인 '걸신'이 '들린' 것이었습니다. 여기서 '들리다'는 병에 걸리거나 귀신이 씌었다는 의미입니다. '감기 들리다, 사레 들리다' 하는 식으로 사용되지요. 또 '들리다'는 '소리가 들리다'처럼 사람이나 동물이 감각기관을 통해 소리를 알아차린다는 의미로도 쓰입니다. 그런데 이 '들리다'를 종종 잘못 쓸 때가 있습니다.

월요일 아침, 반 아이들에게 주말에 무엇을 했는지 물었습니다. 그러자 너도나도 주말에 있었던 일을 신나게 쏟아냈습니다.

"할머니 댁에 갔다가 휴게소에 들려서 간식 사 먹었어요."

"놀이공원 갔다가 박물관도 들렸다 왔어요."

두 학생 모두 '지나가는 길에 잠깐 방문했다'는 말을 하고 싶었던 것 같은데 틀린 표현입니다. 왜 틀렸는지를 알려면 단어의 기본형을 파악할 수 있어야 합니다.

기본형이란 '기본이 되는 단어의 형태'입니다. '먹고, 먹지, 먹어, 먹으면, 먹어서, 먹으니……'는 '먹다'라는 기본형에서 모양이 바뀐 단어입니다. 그럼 '밝고, 밝지, 밝을, 밝으면, 밝으니, 밝아서……'의 기본형은 무엇일까요? '밝다'입니다.

그런데 '들렀다'의 기본형은 '들리다'입니다. 그러니 휴게소에 들려서, 박물관에 들려서 왔다는 문장은 틀렸습니다. 지나는 길에 잠깐 들어가 머무르다라는 뜻을 나타내려면 '들르다'를 써야 합니다.

여기까지만 이해해도 충분하지만 조금 더 구체적으로 살펴봅시다.

기본형 '들르다'는 '들르고, 들르며, 들르니……'로 활용됩니다. '들르'가 공통적으로 있죠. '들르'에 '아/어'가 붙는 경우가 있습니다. '들르+어'처럼요. 이때는 '으'가 탈락합니다. 그래서 '들르어'가 아니라 '들러'가 됩니다. 과거형으로 사용되면 '들렀다'가 되는 것입니다.

기본형 '들리다'도 마찬가지로 '들리'에 '어'가 붙으면서 '들리+어'가 되고, 이것이 줄어들어 '들려'로 사용됩니다. 과거형으로 '들렸다'고 하는 것이고요.

이제부터 "선생님, 저 화장실 들렸다 올게요."라고 말하는 친구는 없겠지요? 들렸다 오는 게 아니라 들렀다 오는 거라는 걸 모두 배웠으니까요.

한눈에 보는 어휘카드

들르다 vs 들리다

들르다	들리다
지나는 길에 잠깐 들어가 머무르다	1. 사람이나 동물의 감각기관을 통해 소리가 알아차려지다 2. 병에 걸리다

- 학교 가는 길에 친구 집에 들렀다.
- 집에 가는 길에 분식점에 들러 친구를 만났다.
- 밤새 천둥소리가 들렸다.

✦ 배운 단어를 사용해 문장을 만들어 보세요.

우리말 퀴즈

✦ 아래 문장을 읽고 ( ) 안에 맞으면 ○, 틀리면 X를 써넣으세요.

- '기본이 되는 단어의 형태'를 '기본형'이라고 합니다. ( )
- '밝고, 밝지, 밝을, 밝으면, 밝으니, 밝아서'의 기본형은 '밝다'입니다. ( )
- '지나가는 길에 잠깐 방문했다'는 '들렸다'라고 표현합니다. ( )

✦ 괄호 안에 들어갈 낱말로 바른 것에 ○표 하세요.

- 아이들의 노랫소리가 [들렀다/들렸다].

- 퇴근하는 길에 포장마차에 [들렀다가/들렸다가] 친구를 만났다.

- 귀를 모으니 새소리가 잘 [들렀다/들렸다].

- 그는 심한 몸살감기에 [들렸다/들렀다].

정답 ○, ○, X / 들렸다, 들렀다가, 들렸다, 들렀다

뭐든지 모르면
열심히 배우던지

'든지'와 '던지'는 발음이 무척 비슷합니다. 의미도 비슷해서 실생활에서 혼동해서 많이들 씁니다. 상대방이 말할 때, '든지'라고 했는지 '던지'라고 했는지 크게 구분되어 들리진 않습니다. 그래서 더 구분하지 않고 말합니다. 그런데 문제는 글을 쓸 때입니다. '든지'와 '던지'는 문장에서도 제법 많이 쓰이는데, 많은 학생이 이 둘을 구분하지 못하고 잘못 사용합니다. 이 둘을 구분하는 것은 그리 어렵지 않아서 더 아쉽습니다. 한번 제대로 배워놓으면 구분하기가 아주 쉬우니, 이번 기회에 제대로 배워 봅시다.

　'든지'는 여러 선택지 중에서 어떤 것을 선택해도 그 결과에 큰 차이가 없다는 뜻을 나타냅니다. 쉽게 말해 '어떤 것이라도 좋다'는 말입니다. 선택에 제한을 두지 않는다는 뜻이지요.

> 네가 오든 말든 나는 상관없다.
> 무엇을 하든 열심히 해야 한다.
> 짜장면이든 짬뽕이든 뭐든 빨리 주문해 줘.

위 문장 모두 어떤 선택을 해도 괜찮다, 상관없다는 태도가 담겨 있습니다.

'던지'는 주로 지난 일을 추측하거나 과거의 사건을 회상할 때 쓰입니다.

> 여행 갔을 때 봤던 하늘이 얼마나 맑던지.
> 어릴 적 아버지가 사주신 과자가 어찌나 맛있던지 아직도 생각나.
> 어찌나 재미있던지 시간 가는 줄 몰랐어.

요약하면 '선택'과 관련해서는 '든'을 '과거를 회상'할 때는 '던'을 사용한다고 보면 됩니다.

자주 헷갈리는 어휘는 예문을 통해 실생활에서 어떻게 활용되는지 살펴보면 좋습니다.

한눈에 보는 어휘카드

-든지 vs -던지

-든지	-던지
어떤 것이든 선택될 수 있음을 나타내는 연결어미	지난 일을 추측하거나 회상할 때 사용하는 연결어미

- 사과든지 배든지 다 좋다.
- 네가 무엇을 좋아하든지 나는 다 좋아.
- 밥을 얼마나 많이 먹던지 배탈이 날까 걱정된다.

✦ 배운 단어를 사용해 문장을 만들어 보세요.

✦ 괄호 안에 들어갈 낱말로 바른 것에 ○표 하세요.

- 무엇을 [하든/하던] 최선을 다하자.

- 어린 시절에 뛰어놀[든/던] 그 공원이 그립다.

- 너와 함께라면 [어디든/어디던] 좋아.

- 할머니가 해 주시[든/던] 따뜻한 수프를 잊을 수 없어.

- 지난여름에 갔[든/던] 바닷가가 아직도 생각난다.

- 이 문제를 어떻게 풀[든/던] 그건 너의 선택이야.

- 우리가 처음 만났[든/던] 그 카페가 문을 닫았다니 아쉬워.

학생으로서
해야 할 일

우리말을 얼마나 잘 아는지 확인하는 시험 중 하나로 국어능력인증시험이 있습니다. 시험이 끝나면 매번 최고 점수를 낸 수험자를 찾아가 인터뷰를 진행합니다. 그들이 꼽은 가장 자주 틀리는 말 중 하나가 '로서, 로써'라고 합니다. 많이 사용되는 만큼 자주 헷갈리거든요. 이번 시간에는 국어능력인증시험 우수자도 틀린다는, 두 단어의 미묘한 차이에 대해 배워 봅시다.

'로서'는 '자격이나 지위를 나타내는 말' 뒤에 붙어 사용됩니다. 어떤 자격이나 지위를 가진 사람이 그 위치에 적합한 태도를 보여 줘야 한다는 의미로 말할 때 씁니다. 예를 들어 '선생님으로서 학생을 가르치는 일에 최선을 다해야 한다'라는 문장을 보면, '선생님'이라는 직업을 가진 사람이 갖추어야 할 의무와 책임을 강조하고 있습니다. '의사로서', '학생으로서', '연구원으로서'처럼 주로 신분이 언급되고, 그 신분에 적합한 말이 함께 나옵니다.

'로써'는 '수단이나 방법, 원료나 재료를 나타내는 단어' 뒤에 붙어 사용됩니다. 어떤 목표나 결과를 이루기 위해 사용하는 수단이나 방법, 도구, 원인을 강조할 때 사용합니다. 예를 들어 '돈으로써 행복을 살 수는 없습니다'라는 문장에서는 돈이 행복을 얻기 위한 수단으로 쓰인다는 의미입니다. 그래서 '로써'를 사용했지요. 또

94

다른 예문을 살펴볼까요? '운동을 함으로써 건강이 완전히 좋아졌습니다'라는 문장에서는 원인을 나타내기 위해 쓰였습니다. 건강이라는 결과의 원인이 운동이라는 것이지요. 그러니 '로써'를 사용해야 합니다.

'로서'와 '로써'를 언제 사용하는지 헷갈린다면 수단의 뜻인 '~를 가지고'나 '~를 사용해서'를 문장에 넣어 보는 방법이 있습니다. 이 표현을 넣었을 때 어색하지 않으면 '로써', 어색하면 '로서'가 맞습니다. 예를 들어보겠습니다.

> 창의적인 광고로써 손님을 모았다.
> 창의적인 광고를 가지고 손님을 모았다.
> 창의적인 광고를 사용해서 손님을 모았다.

어때요, 바꾸어도 말이 되죠? 그럼 '로써'가 맞습니다.

> 선생님으로서 학생을 위해 열심히 가르쳤다.
> 선생님을 가지고 학생을 위해 열심히 가르쳤다.
> 선생님을 사용해서 학생을 위해 열심히 가르쳤다.

말이 되지 않죠? 그러니 '로서'가 들어가야 합니다.

 한눈에 보는 어휘카드

로서 vs 로써

로서	로써
지위나 신분 또는 자격을 나타낼 때 사용	수단이나 도구, 재료나 원료를 나타낼 때 사용

우리말 사용법

- 이 일의 담당자로서 완성을 위해 책임을 다하고 있습니다.
- 선생님으로서 학생들에게 좋은 영향을 주고 있다.
- 잘못된 범죄는 법으로써 다스리겠다.
- 그와 대화함으로써 오해가 어느 정도로 해결되었다.

✦ 배운 단어를 사용해 문장을 만들어 보세요.

우리말 퀴즈

✦ 괄호 안에 들어갈 낱말로 바른 것에 O표 하세요.

- 음악인으[로서/로써] 영광입니다.

- 음악으로[로서/로써] 병을 치유한다.

- IT산업 종사자[로서/로써] 의견을 말씀해 주세요.

- 신재생 에너지 비중을 높임으[로서/로써] 미래 성장동력을 키워요.

- 대한민국 국민으[로서/로써] 자부심을 느꼈다.

- 이 세제는 천연 수제[로서/로써] 최고급 원료로 만들었다.

정답은 맞추는 걸까?
맞히는 걸까?

서준이가 친구들과 스무고개 놀이를 하고 있습니다. 친구들이 서준이에게 질문을 합니다. "동물이니?" "식물이야?" "그럼 무생물이구나!" 질문을 계속 이어가다가 하준이가 드디어 알았다는 듯이 "혹시 우산이니?"라고 물었습니다. 서준이는 아쉽다는 표정이고 다른 친구들은 환호성을 지르네요. "와! 정답이다!" 우산이 정답이었습니다. 그런데 하준이는 정답을 '맞춘' 걸까요, '맞힌' 걸까요?

흔히 우리는 '문제의 정답을 맞추다, 목표물을 맞추다'라고 말합니다. 그러나 '맞추다'의 뜻을 살펴보면 잘못된 표현임을 알 수 있습니다.

1. 서로 떨어져 있는 부분을 제자리에 맞게 대어 붙이다.
2. 둘 이상의 일정한 대상을 나란히 놓고 비교하여 살피다.
3. 서로 어긋남이 없이 조화를 이루다.
4. 어떤 기준이나 정도에 어긋나지 아니하게 하다.
5. 열이나 차례 따위를 똑바르게 하다.

즉 '맞추다'는 두 개 이상의 대상을 서로 일치하게 하거나 조정하는 행위를 말합니다. 퍼즐을 맞추거나 시계를 맞추는 것처럼요. 서로 일치하지 않는 상황이 먼저 있어야 사용할 수 있는 단어인 셈입니다.

반면 '맞히다'는 문제의 정답을 알아맞히거나 목표물에 도달하는 행위를 말합니다. '맞히다'에는 다음과 같은 뜻이 있습니다.

1. 문제에 대한 답을 틀리지 않게 하다.
2. 침, 주사 따위로 치료를 받게 하다.
3. 물체를 쏘거나 던져서 어떤 물체에 닿게 하다.
4. 자연 현상에 따라 내리는 눈, 비 따위를 닿게 하다.
5. 어떤 좋지 아니한 일을 당하게 하다.

맞추나가 두 대상을 비교하며 살피는 것이라면, 맞히다는 노린 것에 명중한다는 의미입니다.

자, 그럼 하준이는 스무고개 놀이에서 서준이가 생각해 둔 단어를 맞춘 걸까요? 맞힌 걸까요? 정답을 맞히는 것이므로 맞히다가 맞는 표현입니다.

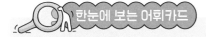 한눈에 보는 어휘카드

맞추다 vs 맞히다

맞추다	맞히다
서로 떨어져 있는 부분을 제자리에 맞게 대어 붙이다	문제에 대한 답을 틀리지 않게 하다

- 나는 가장 친한 친구와 답을 맞추어 보았다.
- 사람들과의 약속 시간을 맞추려면 지금 길을 나서야 한다.
- 수수께끼에 대한 답을 정확하게 맞히면 상품을 드립니다.
- 아이의 엉덩이에 주사를 맞히다.

✦ 배운 단어를 사용해 문장을 만들어 보세요.

_____

_____

_____

우리말 퀴즈

✦ 괄호 안에 들어갈 낱말로 바른 것에 ○표 하세요.

- 어린이에게 주사를 [맞추기/맞히기]가 힘들다.

- 나이가 어림에도 불구하고 과녁에 정확히 화살을 [맞췄다/맞혔다].

- 선생님은 자신의 의견과 학생의 의견을 [맞추려고/맞히려고] 노력한다.

- 떨어져 나간 조각들을 제자리에 잘 [맞추다/맞히다].

빨강 머리 앤일까?
빨간 머리 앤일까?

미술 시간에 학생들이 집중해서 작품활동을 하고 있습니다. 그런데 한 모둠에서 소곤소곤 이야기가 시작되더니 너도나도 한마디씩 거드는 모습이 보입니다. 그러다가 "선생님께 여쭤 보자."라며 두 아이가 씩씩거리며 저를 찾아옵니다.

　"선생님! 빨강이 맞아요? 빨간이 맞아요?"

　이 문제로 서로 자기가 맞다고 다투다가 주변 친구들까지 거기 합세한 것이었습니다. 여러분은 어떤 게 맞을 것 같나요? 빨강? 빨간?

　정답은 둘 다 맞습니다. 하나가 맞고 하나는 틀린 게 아니라, 어떤 때는 빨간을 사용하고 어떤 때는 빨강을 사용합니다. 학생들에게 설명을 해주기 전에 두 친구에게 물었습니다. 왜 자신이 맞다고 생각하는지를요.

　한 아이는 '빨간 꽃, 빨간 모자' 같은 단어를 예로 들며 '빨간'이 맞다고 합니다. 이에 질세라 다른 아이도 물감을 보면 '빨강'이라고 쓰여 있고, 파란색은 '파랑', 노란색은 '노랑'이라고 쓰여 있다며 자신의 주장을 펼칩니다.

　이 문제의 정답을 알기 위해서는 '품사'를 알아야 합니다. 마트에 가면 비슷한 상품끼리 모아 놓은 모습을 볼 수 있지요? 마찬가지로 비슷한 성질의 낱말을 모아 놓은 것을 품사라고 생각하면 이해하기 쉬울 거예요. 품사 중에 형용사는 사람이나 사물의 성질이나 상태를 나타냅니다. 아래 문장에서 밑줄 친 부분이 형용사예요.

| 하늘이 파랗다. | 햇살이 따뜻하다. | 머리가 길다. | 키가 크다. |

그럼 '빨간 꽃, 빨간 모자'에서 '빨간'은 이떤 역할을 하고 있나요? 꽃이 빨갛고 모자가 빨갛다는 걸 보니, '사물을 성질이나 상태를 설명'하고 있는 형용사라고 할 수 있습니다.

그럼 빨강의 품사는 무엇일까요? 명사(名士)입니다. 명사의 '명(名)'은 이름을 뜻하는 말로, '사람이나 사물의 이름을 나타내는 품사'입니다. 아래 단어를 봅시다.

| 행복 | 우정 | 하늘 | 산 | 나무 |

명사는 대개 다른 말의 도움 없이 홀로 쓰입니다. 그 자체가 이름이니까요.

정리하면, 형용사로 사용될 때는 '빨간'이 맞습니다. '빨간 모자, 빨간 꽃, 빨간색' 이라고 해야 합니다. '빨강 모자, 빨강 꽃, 빨강 색'이라고 하면 틀립니다. 명사로 사용될 때는 '빨강'이 맞습니다. 꾸미는 말 없이 '빨강' 그 자체만 사용해야 합니다.

한눈에 보는 어휘카드

빨강 vs 빨간

빨강	빨간
'빨갛다'의 명사	'빨갛다'의 형용사

- 빨간색 물감 좀 빌려줄래?
- 빨강에 파랑을 섞으면 보라색이 된다.
- 사과를 빨강으로 색칠했다.
- 사과를 빨간색으로 색칠했다.

✦ 배운 단어를 사용해 문장을 만들어 보세요.

우리말 퀴즈

✦ 괄호 안에 들어갈 낱말로 바른 것에 ○표 하세요.

- [빨간색/빨강색] 물감 좀 빌려줄래?

- 내가 좋아하는 색은 [빨강/빨간]이다.

- 결혼기념일, 아빠는 엄마에게 [빨간색/빨강색] 장미꽃 100송이를 선물했다.

- [파란/파랑] 하늘에 걸려 있는 [하얀/하양] 구름 한 조각.

내가 좋아하는 수박이 채소라고?

학생들에게 그날의 급식 메뉴는 가장 중대한 관심사입니다. 어떤 메뉴가 나오느냐에 따라 급식 시간을 맞이하는 표정이 달라지지요. 맛있는 반찬이 나오는 날에는 유독 급식 시간에 질문이 쏟아집니다. 선생님이 가장 좋아하는 음식은 무엇이냐, 라면 몇 개까지 먹어 봤느냐, '찍먹'이냐 '부먹'이냐, 어떤 '먹방' 유튜브 채널을 보느냐, 질문의 종류도 다양합니다. 학생들의 쏟아지는 질문에 정신이 없던 와중에 반가운 질문이 들렸습니다. 어휘와 관련된 질문이었거든요.

"선생님, 채소가 맞아요? 야채가 맞아요?"

여러분은 오이, 토마토, 당근, 고사리 등 우리가 먹는 식물이 채소인지 야채인지 구분할 수 있나요? 채소와 야채는 자주 쓰고 듣는 일상 단어입니다. 채소인 듯 채소 아닌 야채인 듯 야채 아닌, 헷갈리는 단어의 뜻을 정확히 들여다볼까요?

야채(野菜)는 '들 야(野)'에 '나물 채(菜)'로 이루어져, '들에서 자라는 나물'을 일상적으로 이르는 말입니다. 평평하고 넓게 트인 땅을 '들'이라고 하지요. 들이나 산과 같은 야생에서 채취한 식물이 주로 야채인데요, 고사리나 쑥이 대표적입니다. 쑥을 캐러 가 본 적이 있나요? 누가 심고 기르지 않았는데도 들판에 자라 있죠? 그래서 야채라고 합니다.

반면 채소는 '사람이 직접 밭에서 키워 낸 작물'을 말합니다. 옥수수, 오이, 가지, 당근 등이 있습니다. 우리가 즐겨 먹는 수박, 참외, 토마토, 딸기는 과일가게에서 판매해서 과일로 생각하기 쉽지만, 사실은 밭에서 키운 채소입니다. 과일과 채소를 꼭 엄격하게 구분할 필요는 없지만, 과일은 여러해살이를 하는 '나무'에서 나온 먹을 수 있는 열매이고, 한해살이를 하는 풀에서 나온 열매는 채소로 분류한다고 알아두면 좋습니다.

야채가 일본식 한자어라서 채소라고 표현해야 한다는 주장도 있습니다. 그래서 방송에서는 채소라는 단어를 더 많이 사용하곤 했는데요, 이는 오해입니다. 국립국어원에서는 '야채가 일본식 한자어라는 근거를 찾기 어렵다'고 했습니다. 야채를 일본에서는 '야사이(やさい)'라고 하는데요, 발음이 비슷해서 일본식 한자어라는 오해를 받은 것으로 밝혀졌습니다.

이렇게 개념을 따져 살피면 야채와 채소를 구분할 수 있지만, 오늘날에는 채소를 일상적으로 야채라고 부릅니다. 채소와 야채를 서로 섞어 사용하는 셈이죠. 예전에야 들에서 자연적으로 나는 야채와 사람이 길러서 먹는 채소가 엄격하게 구분되었지만, 이제는 거의 모든 식물을 직접 재배해서 길러 먹기 때문에 그 구분이 희미해진 것으로 볼 수 있습니다. '비닐하우스 덕분에 철이 아닐 때에도 싱싱한 야채를 먹을 수 있다'라는 문장에서 볼 수 있듯이 말이지요.

 한눈에 보는 어휘카드

채소 vs 야채

채소	야채
밭에서 기르는 농작물	들에서 자라나는 나물, 채소를 일상적으로 이르는 말

 **우리말 사용법**

- 신선한 야채가 왔어요.
- 비닐하우스가 있어서 언제나 싱싱한 야채를 먹을 수 있어요.
- 무공해 채소를 사 왔어요.
- 과일과 채소에는 비타민이 많아요.

✦ 배운 단어를 사용해 문장을 만들어 보세요.

 **우리말 퀴즈**

✦ 아래 제시된 단어를 보고, 과일은 왼쪽에 채소는 오른쪽에 적어 봅시다.

<보기>

포도, 바나나, 수박, 시금치, 고사리, 무, 마늘

- 과일

- 채소

정답 과일-포도, 바나나, 수박 채소-시금치, 고사리, 무, 마늘

내 나라는 우리나라일까?
저희 나라일까?

선생님이 근무하는 학교에는 원어민 선생님이 계십니다. 고학년 영어를 담당하지요. 학생들은 원어민 선생님과 소통하고 싶은 마음에 아는 영어를 총동원해 대화를 시도하지만 쉽지 않습니다. 버벅거리는 학생들의 말을 뚫고 원어민 선생님이 한마디 했습니다.

"안니영하셰요. 저 한쿡말 할 주 있서여."

외국인도 신기한데 한국말을 하는 외국인이라니, 아이들은 무척 놀라워합니다. 원어민 선생님의 서툰 한국말 덕분에 아이들이 유창한 한국어 실력을 뽐냅니다.

"우리나라는 김치가 유명합니다."

"우리나라 음식으로는 비빔밥이 유명합니다."

이런저런 대화를 하다가 대한민국의 유명한 음식을 설명해 주던 아이들이 잠시 멈칫했습니다.

"우리나라에서는…… 우리?"

"저희 나라라고 해야 하지 않을까?"

"원어민 선생님이랑 우리는 태어난 나라가 다른데 우리라고 하면 안 되지 않나?"

'우리나라'라는 말은 대화하는 사람 모두가 같은 나라 출신일 때 사용하는 말이 아닌가 의문을 가진 것입니다. 그럴 법하죠?

결론부터 말하자면, 우리나라가 맞습니다. 우리나라에서 '우리'는 편을 나누는 개념이 아닙니다. '너희'와 다르다는 것을 보이려고 쓰는 말이 아니라는 뜻입니다.

'우리'는 보통 자기와 듣는 이를 포함한 여러 사람을 가리키지만, '저희'에는 듣는 상대방이 포함되지 않습니다. 그러니 원어민 선생님은 우리나라 사람이 아니니까 저희라고 써야 하지 않을까 하는 생각이 듭니다. 무리에 포함되느냐 마느냐로 본다면 '저희'가 맞지만, 나라를 소개할 때는 그렇지 않습니다.

'저희'는 '우리'의 낮춤말로 상대방을 높일 때 씁니다. '저희'라는 말을 쓰면 상대방은 높이고, '저희'에 포함된 모든 사람은 낮춰집니다. 그래서 '저희 나라'라고 하면 대한민국을 낮추는 말이 돼 버립니다. 독립된 나라에는 모두 동등한 지위가 부여됩니다. 국가 대 국가로서 높고 낮음이 없지요. 강대국과 약소국일지라도요.

따라서 원어민 선생님에게 '저희 나라'라고 하면 우리나라 대한민국을 낮춰서 잘못 말하는 것이 됩니다. 설명을 들은 학생들은 당당하게 '우리나라'에 대해 소개합니다. 그런 학생들에게 제가 한마디 했습니다.

"영어 시간인데 영어를 사용해야지! 그래야 영어가 늘지! 맨날 우리나라 어쩌고저쩌고만 하고 있으면 어떡하니?"

한눈에 보는 어휘카드

우리나라 vs 저희 나라

우리나라	저희 나라
우리 한민족이 세운 나라를 스스로 이르는 말	틀린 표현

우리말 사용법

- 우리나라는 사계절이 뚜렷하다.
- 우리나라 음식이 입에 맞을지 모르겠지만 많이 드세요.
- 우리나라의 국기는 태극기이다.

✦ 배운 단어를 사용해 문장을 만들어 보세요.

우리말 퀴즈

✦ 외국인에게 우리나라의 역사, 자랑거리 등을 소개하는 글을 써보세요.

- 우리나라는 말이야~

해변에 있는 건
조개껍질일까? 조개껍데기일까?

여름 방학, 휴가를 다녀온 아이들 가방에는 바다가 담겨 있습니다. 모래밭에서 주워 온 조개껍데기가 한가득이거든요. 해변에서 반짝이는 조개껍데기를 보면 줍지 않고는 못 배기는 게 아이들 마음인가 봅니다.

조개껍데기처럼 우리를 추억의 바다로 데려가는 노래도 있습니다.

"조개껍질 묶어 그녀의 목에 걸고~"로 시작하는 이 노래는 발표된 지 50년이 지난 지금까지도 변함없이 사랑받고 있지요.

그런데 이 노래 때문에 많은 사람이 잘못 알게 된 우리말이 있습니다. 바로 '껍질'과 '껍데기'입니다. 둘 다 어떤 물질의 겉을 감싸고 있는 부분을 가리키지만, 사용하는 경우는 다릅니다.

사실 '껍질'과 '껍데기'를 구분하기는 그리 어렵지 않습니다.

'껍질'은 사과, 양파, 귤의 겉을 싸고 있는 부드러운 층을 가리킵니다. '껍데기'는 조개, 달걀, 소라의 겉을 싸고 있는 단단한 물질을 뜻하고요. 즉 부드러운 건 '껍질', 단단한 건 '껍데기'입니다.

아파트 분리수거장에 이런 문장이 쓰여 있습니다. 다음 문장 중에서 틀린 표현은 무엇일까요?

그렇습니다. 말랑하고 부드러우니 오렌지 '껍데기'가 아니라 오렌지 '껍질'이라고 표기해야 합니다.

아니, 그런데 어찌 된 일인지 국어사전에는 '조개껍질'이라는 말이 떡하니 올라와 있습니다. 문학작품에도 '소라껍질'이라는 표현이 나옵니다. 분명히 딱딱한 건 '껍데기'라고 표현해야 한다고 배웠는데, 어떻게 된 일일까요?

원칙적으로는 잘못 사용된 경우이지만, 이미 한 단어로 굳어진 말로 보고 국립국어원에서 표준어로 허용한 것입니다. 덧붙여 '조개껍질=조개껍데기'라며 둘 다 써도 된다고 풀이해 놓았습니다.

이게 다 유명한 그 노래 때문에 벌어진 일인지도 모릅니다. 사람들에게 사랑받는 예술 작품의 힘은 단어를 바꿔 놓을 정도로 세나는 것을 실감하게 됩니다.

한눈에 보는 어휘카드

껍질 vs 껍데기

껍질	껍데기
물체의 겉을 싸고 있는 단단하지 않은 물질	달걀이나 조개 따위의 겉을 사고 있는 단단한 물질

- 사과 껍질이 끊어지지 않게 사과를 깎았다.
- 바나나 껍질 때문에 미끄러졌다.
- 호두 껍데기는 단단해서 깨기 쉽지 않다.
- 소라 껍데기를 귀에 대면 파도 소리가 들리는 것 같다.

✦ 배운 단어를 사용해 문장을 만들어 보세요.

 우리말 퀴즈

✦ 아래 문장을 읽고 ( ) 안에 맞으면 O, 틀리면 X를 써넣으세요.

- 사과, 양파, 귤의 겉을 싸고 있는 부드러운 층을 '껍데기'이라고 합니다. ( )
- 조개, 달걀, 소라의 겉을 싸고 있는 단단한 물질을 '껍질'라고 합니다. ( )
- '조개껍질'은 틀린 표현이지만 이미 한 단어로 굳어진 말로 보고, 표준어로 허용했습니다. ( )

 함께 익혀요

- 껍데기에는 '알맹이를 빼내고 겉에 남은 물건'이라는 뜻도 있습니다. 이럴 때는 꼭 단단한 것이 아니어도 '껍데기'라는 말을 씁니다. '이불 껍데기, 베개 껍데기'처럼요.

O 'X 'X 담정

111

막역한 사이는 무슨 사이일까?

여러분은 '막역하다'의 뜻을 알고 있나요? 학생들에게 물어보면 대개 정확한 뜻은 모르겠지만, '막장인 사이', '애매한 사이'를 나타내는 말인 것 같다고 답합니다. 아니, 대체 어디서 이런 이상한 생각이 스며든 걸까요?

막역하다는 '허물없이 아주 진하다'는 뜻입니다. 한자로 '없을 막(莫)', '거스를 역(逆)'입니다. 거스를 것 없는 사이라는 뜻이지요. 어떻게 말하고 행동하더라도 거슬리지 않는다는 것은 매우 친하고 가까운 사이라야 가능한 일입니다. '막역'은 다음과 같은 사자성어에도 쓰입니다.

> 막역지우(莫逆之友) : 허물이 없이 아주 친한 친구
>
> 막역지간(莫逆之間) : 막역한 사이
>
> 막역지교(莫逆之交) : 아주 허물없는 사귐

막역한 사이를 애매한 사이라고 오해하는 이유는 다음과 같습니다. 막역하다를 '막연하다'와 비슷하다고 잘못 알고 있기 때문입니다. 막연하다는 '뚜렷하지 않고 분명하지 않다'는 뜻입니다. '살길이 막연하다, 막연한 기대를 품는다'처럼 사용됩니다. 받침만 기역(ㄱ)과 니은(ㄴ)으로 달라서 모양이 매우 비슷하니 두 단어의 뜻

도 비슷할 거라고 착각을 많이 합니다.

또 막역한 사이를 막장인 사이라고 오해하는 이유는, '막'이라는 글자 때문입니다. 막은 '마구'의 준말인데 마구는 '몹시 세차게, 아주 심하게'라는 뜻입니다. '막 나간다, 막장이다, 말을 막하다'처럼 사용하니, 막이 들어가면 그런 뜻이 있다고 오해하는 경우가 있습니다.

막역하다에서 '역'이라는 글자도 오해에 한몫을 합니다. '역'은 뜻이 많은데 부정적인 단어에 자주 사용됩니다. '반대로'라는 뜻으로 '역모, 역주행'이라는 단어에 사용되기도 하고, '몹시 언짢거나 못마땅하여서 내는 성'이라는 뜻의 '역정'에도 사용됩니다. 그래서 막역하다를 본래 뜻과 달리 오해하고 안 좋게 생각하는 학생이 많은 것입니다.

이제 여러분은 정확히 알았지요? 혹시 여러분의 막역한 친구가 단어의 뜻을 막연하게 알고 있다면, 여러분이 확실하게 알려 주면 어떨까요?

 한눈에 보는 어휘카드

막역하다 vs 막연하다

막역하다	막연하다
허물없이 아주 친하다	갈피를 잡을 수 없게 아득하다

우리말 사용법

- 하준이와 서준이는 막역한 사이다.
- 우리는 어렸을 때부터 막역하게 지냈다.
- 30년이 지난 지금도 막역한 관계다.

✦ 배운 단어를 사용해 문장을 만들어 보세요.

우리말 활동

✦ 막역한 친구에게 혹은 앞으로 막역한 사이가 되고 싶은 친구에게 마음을 담아 편지를 써보세요.

한끝 차이일까?
한 끗 차이일까?

전 세계인의 축제였던 제33회 파리 올림픽이 드디어 막을 내렸습니다. 모든 선수가 아낌없는 기량을 발휘하며 약 한 달간 우리에게 기쁨을 주었습니다. 그중에는 아슬아슬 작은 차이로 이긴 경기도 있고 진 경기도 있었는데요, 특히 테슬라의 최고경영자인 일론 머스크도 반한 김예지 사격 선수는 0.1점 차이로 막판에 2위를 탈환하며 보는 이들을 숨죽이게 했습니다.

이와 반대로 아쉽게 진 경기도 있었습니다. 그럴 때 우리는 "한 끗 차이로 졌다." 하고 아쉬움을 표현합니다. 익숙한 표현인지라 학생들도 종종 사용하곤 합니다. 물론 큰 점수 차이로 져서 전혀 '한 끗 차이'가 아닌데도 아쉬움이 크다 보니 '한 끗 차이'로 졌다고 우기는 아이가 나오기도 합니다.

그런데 한 끗 차이를 써보라고 하면 정확한 표기법을 아는 경우가 드뭅니다. 모르면서 당당하기까지 하지요.

"에이, 선생님 그냥 말만 통하면 그만이죠."

"맞아요. 경기에서 진 것도 분한데 단어 틀렸다고 지적받으면 더 분해요."

정확한 표현은 '한 끗 차이'입니다. 먼저 헷갈리는 '한끝'과 '한 끗'을 살펴봅시다.

'끝'은 '마지막 부분, 마지막 한계'라는 뜻입니다. 그래서 한끝은 '한쪽의 맨 끝'이

115

라는 뜻입니다. '운동장 한끝에 서 있다, 침대 한끝에 앉다'처럼 사용합니다.

한 끗을 이해하기 위해 먼저 '끗'에 대해 알아봅시다. '끗'은 비단과 같은 천의 길이를 나타내거나 노름 등에서 셈을 치는 점수를 나타내는 단위'입니다. '하나, 둘, 셋……' 하고 수를 세듯이 '한 끗, 두 끗, 세 끗……' 이렇게 사용하지요. 천이 조금 모자라거나 목표했던 점수에 아주 조금 못 미치면 안타깝고 속상하겠지요? 따라서 아주 조금 부족하다는 의미를 담을 때는 '한끝 차이'가 아니라 '한 끗 차이'라고 해야 합니다.

우리말은 이렇듯 한 끗 차이로 의미가 달라지니 정확히 알고 사용하면 좋겠죠?

비슷한 표현으로 '간발의 차이'가 있습니다. '간발(間髮)'은 한자어인데, '사이 간(間)', '머리털 발(髮)'로 이루어져 있습니다. 머리카락 사이라는 뜻입니다. 그러니 간발의 차이는 머리카락 하나가 들어갈 만큼의 차이라는 뜻으로, 비슷하다고 할 만큼 아주 작은 차이를 말합니다.

한눈에 보는 어휘카드

한끝 vs 한 끗

한끝	한 끗
한쪽의 맨 끝	끗은 피륙의 길이를 나타내는 단위로, 작은 차이를 의미

- 성공과 실패는 한 끗 차이
- 한 끗 모자란다.
- 한 끗 차이로 먼저 도착했다.

✦ 배운 단어를 사용해 문장을 만들어 보세요.

우리말 퀴즈

✦ 괄호 안에 들어갈 낱말로 바른 것에 ○표 하세요.

- 길 [한 끗/한끝]에는 허름한 가게가 있었다.

- 내가 너보다 [한 끗/한끝] 위라는 걸 유념해라.

- 운동장 [한 끗/한끝]에 앉아 책을 읽었다.

- [한 끗/한끝]이 볼록한 가는 유리관 속에 액체를 넣었다.

끝햣 '끗햣 '끗 햣 '끗햣 **月&**

늦장을 부린 걸까?
늑장을 부린 걸까?

한 도시에서 규모가 큰 지진이 발생했습니다. 기상청은 발생 후 2초 만에 지진을 처음 관측하고, 발생 8초 만에 긴급재난문자를 발송했습니다. 발 빠른 대처를 해 모범적인 사례로 꼽힙니다. 그에 비해 지진 발생 한참 후에 긴급재난문자를 보내 사람들의 원성을 들은 도시도 있습니다. 이런 상황을 두고, '늦장 대응'이라고 할까요? '늑장 대응'이라고 할까요?

'늦잠', '늦었다', '늦게'라는 단어를 떠올리면 늦장 대응이 맞을 듯합니다. 그런데 늑장, 늦장의 뜻을 사전에서 찾아보니, 둘 다 '느릿느릿 꾸물거리는 태도'를 표현하는 말입니다. 늦장 대응, 늑장 대응 모두 표준어인 거예요. 다음처럼 사용됩니다.

"어서! 늑장 피울 시간이 없어."

"정부의 늦장 대처로 피해가 커졌습니다."

"제발 늑장 부리지 말고 빨리빨리 서둘러."

늑장과 늦장은 주로 뒤늦은 대처로 큰 문제가 발생했을 때, 책임을 묻거나 잘못을 질책하는 상황에서 사용됩니다. 또 서둘러야 하는 상황인데 상대방이 꾸물거릴 때 재촉하기 위해서도 사용하지요. 위급 상황이 닥치면 발 빠르게 대처해서 두 단어를 볼 일이 없기를 기원합니다.

1) 소고기와 쇠고기

원래는 '쇠고기'만 표준어였지만, 사람들이 '소고기'를 널리 쓰면서 '소고기'도 복수 표준어로 인정하였습니다. 소고기를 예전에는 쇠고기라고 했습니다. '쇠'는 '소의'를 줄인 말입니다. '소의 머리'를 '쇠머리', '소의 뿔'을 '쇠뿔'이라고 한 것이죠. 그런데 사람들이 쇠머리보다는 소머리, 쇠뿔보다는 소뿔, 쇠고기보다는 소고기를 더 많이 사용하자 복수 표준어가 되었습니다.

2) 옥수수와 강냉이

옥수수는 중국에서 우리나라로 전해졌습니다. 그래서 이름도 중국어 발음 위수수(玉蜀黍)에서 유래해 한자의 우리식 발음인 옥수수가 되었습니다. 옥수수와 함께 복수 표준어로 인정받는 강냉이의 유래는 이렇습니다. 양자강 이남인 강남에서 들어온 물건이라 하여 '강남이'라고 불리다가 자연스럽게 '강냉이'로 변했습니다. 사람들이 이 말을 널리 쓰면서 옥수수와 함께 복수 표준어가 되었습니다.

 한눈에 보는 어휘카드

늦장 vs 늑장

늦장/늑장
복수 표준어로,
느릿느릿 꾸물거리는 태도를 뜻함

우리말 사용법

- 늦장을 부리느라 제시간에 도착하지 못했어.
- 늦장 복구로 시민들이 불편을 겪었다.
- 늑장 대응을 하지 않도록 항상 준비하고 있어야 해.

✦ 배운 단어를 사용해 문장을 만들어 보세요.

우리말 활동

✦ '늑장'이나 '늦장'을 부렸던 경험을 적어 보세요. 그로 인해 발생한 문제, 앞으로의 다짐도 함께 적어 보세요.

함께 익혀요

복수 표준어에는 '예쁘다/이쁘다', '복사뼈/ 복숭아뼈'도 있습니다.

3연패는 세 번 이겼다는 거야?
세 번 졌다는 거야?

대한민국 대표팀 축구 경기가 있었거나 손흥민 선수가 경기를 뛴 다음 날이면 교실은 축구 이야기로 가득 찹니다. 한국 축구 대표팀이 아시안게임에서 3연패를 달성했던 날은 축제 분위기였죠.

"그런데 선생님~, 축구팀이 세 번 연속 이겼는데 왜 3연패라고 하는 거예요?"

신이 난 와중에도 너무나 궁금했던 모양입니다.

"그러게. 3연승이라고 해야 하는 거 아냐?"

"3연패는 세 번 졌다는 뜻 아니었어?"

학생들이 웅성댑니다.

먼저 연패에는 크게 두 가지 뜻이 있습니다. '연달아 이긴다'는 뜻과 '연달아 진다'는 뜻입니다. 이럴 때는 한자를 살펴봐야 합니다.

첫 번째 연패(連霸)는 '잇닿을 연(連)'에 '이길 패(霸)'를 씁니다. 이기는 게 이어진다는, 즉 계속 이긴다는 뜻이지요.

두 번째 연패(連敗)는 '잇닿을 연(連)'에 '패할 패(敗)'를 씁니다. 패하는 게 이어진다는, 즉 계속 지고 있다는 뜻입니다.

위에서 학생들은 계속해서 이긴 상황에서 연패를 사용했습니다. 첫 번째 연패

121

를 사용한 것이지요. 한자 뜻을 알고 나니 이해가 되지요? 그런데 뜻은 완전히 다른데 두 한자의 발음이 똑같아서, 두 가지 뜻을 알고 있어도 오해하기가 쉽습니다. 특히 '패'라는 한자는 '패했다, 패배했다, 패전, 필패'처럼 진 상황을 표현하는 단어에서 훨씬 많이 사용되어서 오해를 부추깁니다. 그러다 보니 '연패'라는 말도 당연히 '연속해서 패배했다'라고 해석하기 쉬운 것이지요.

그런데 이렇게 오해가 계속 생기는데도 왜 '연패'라는 말을 사용할까요? 다른 단어를 사용할 순 없을까요? 발음만 같고 뜻은 정반대인 이 단어 때문에 생기는 혼란을 막을 다른 표현은 없을까요?

바로 '연승(連勝)'이라는 말이 있습니다. 이긴다는 뜻의 승(勝)을 사용하면 같은 뜻을 헷갈리지 않게 표현할 수 있지요.

이렇게 아이들에게 가르쳤더니 한 학생이 이렇게 말하더군요.

"선생님, 연승도 결국 한자잖아요. 더 쉬운 표현이 있어요. 두 번 이김, 두 번 연속 이김, 세 번 짐, 세 번 연속 짐. 이렇게 표현하면 얼마나 좋아요."

이거 참, 청출어람이네요. 청출어람은 제자가 스승보다 낫다는 뜻인 거, 알지요?

한눈에 보는 어휘카드

연패 vs 연패

연패 連霸	연패 連敗
운동 경기 따위에서 연달아 우승함	싸움이나 경기에서 계속해서 짐

우리말 사용법

- 우리 팀은 연패 위기에서 기적적으로 탈출했다.
- 우리 팀은 이번 대회에서 최초로 3연패를 달성했다.
- 박 감독은 최근 10연패의 책임을 지고 감독직을 내려놨다.

✦ 배운 단어를 사용해 문장을 만들어 보세요.

_____

_____

_____

우리말 활동

✦ 우리나라 스포츠 역사의 연패 기록을 찾아 적어 보세요.

- 연달아 이긴 연패(連霸)의 기록

_____

_____

_____

- 연달아 진 연패(連敗)의 기록

_____

_____

_____

증인, 묻는 말에 '아니오'라고 할래? '아니요'라고 할래?

법정 드라마나 영화에 보면 빠지지 않고 나오는 대사가 있습니다. 바로 "증인, '예, 아니요'로만 대답하세요."입니다. 그런데 이때 증인은 '아니오'라고 답해야 할까요? '아니요'라고 답해야 할까요?

누 말 모두 '어떤 사실을 부정하는 뜻을 나타내는 말'입니다. 그래서 구분 없이 섞어서 사용해도 티가 잘 나지 않습니다. 듣는 사람이 정확한 표현을 따지지 않는다면 아무 문제 없이 의사소통이 됩니다. 하지만 두 표현은 쓰임새가 분명히 다릅니다. 한번 살펴봅시다.

'아니오'와 '아니요'는 어느 하나가 맞고 다른 하나가 틀린 게 아닙니다. '아니오'를 쓸 때와 '아니요'를 쓸 때가 따로 있을 뿐, 둘 다 표준어지요. 상황에 따라 둘 중 맞는 말을 사용하면 됩니다.

'아니오'는 '아니다'의 어간에 '-오'를 결합한 말입니다. 주로 어떤 사실이나 내용을 부정할 때 사용해요. '내가 한 게 아니오, 이 돈은 당신 것이 아니오'처럼요. 주로 문장의 맨 뒤에서 문장을 마무리할 때 쓰입니다.

'아니요'는 존댓말로, 상대방의 말에 부정으로 대답할 때 사용합니다. 감탄사로서 혼자 독립적으로 사용될 수도 있습니다. "아니요!"처럼요. '아니요'의 줄임말은 '아뇨'입니다. '아뇨'라고 하니 더 감탄사처럼 느껴지죠? 설문 조사지에 '예' 또는 '아니오'에 표시하라고 표기되어 있다면 이는 잘못된 표현입니다. '아니요'가 맞습니다.

그래도 '아니오'와 '아니요'가 헷갈린다면 '오'와 '요'를 한번 빼고 말해 보세요. 그글자를 빼고 '아니'만으로도 말이 된다면 그 자리에는 '요'가 들어가는 것이 맞습니다.

자, 그럼 응용 문제를 내볼까 합니다.

"어서 오십시오."

가게에 들어가면 들리는 흔한 인사말입니다. 이때 바른말은 '오십시요'일까요, '오십시오'일까요?

앞에서 이야기했지요. 문장 끝에 사용되는 말은 '-오'라고요. 한글맞춤법규칙에 의하면 끝맺는 말에 나오는 '-오'는 '요'로 소리 나더라도 '오'라고 적어야 한다고 합니다. '이것은 책이오, 이리로 오시오'처럼요

다시 처음으로 돌아가 봅시다. 묻는 말에 '아니오'라고 해야 할까요? '아니요'라고 해야 할까요? 상대방의 질문에 반대하는 답변이니 '아니요'라고 해야 합니다. '아니오'라고 대답하면 아니 되오.

한눈에 보는 어휘카드

아니오 vs 아니요

아니오	아니요
문장 끝에서 부정의 뜻으로 사용되며, 한 문장의 서술어로만 쓰임	윗사람이 묻는 말에 부정하여 대답할 때 쓰는 말

우리말 사용법

- 내 말은 그런 뜻이 아니오.
- 이거나 저거나 다 마찬가지 아니오?
- 아니요. 제가 안 그랬어요.

✦ 배운 단어를 사용해 문장을 만들어 보세요.

우리말 퀴즈

✦ 다음 대화를 듣고 '아니오'와 '아니요'에 대해 잘못 이해한 친구를 고르세요.

- **송이**: '아니오'와 '아니요' 모두 '어떤 사실을 부정하는 뜻'을 나타내는 말이야.
- **민주**: 둘 다 표준어니까 편하게 사용하고 싶은 말을 사용해도 상관없어.
- **성현**: '아니요'는 감탄사로서 혼자 독립적으로 사용할 수 있어.

(   )

연락해 주길 바라?
연락해 주길 바래?

말은 우리 생각과 감정을 전달하는 가장 기본적이고도 강력한 수단입니다. 그래서 올바른 우리말을 알고 정확히 사용하는 것이 대단히 중요합니다. 어떤 단어를 사용했느냐에 따라 의미가 확 달라지거든요.

　한 유명 가수가 〈바램〉이라는 제목으로 노래를 냈습니다. 따뜻한 사랑을 원한다는 내용의 노래입니다. 그런데 따뜻한 사랑을 원한다는 뜻을 나타내려면 '바람'이라고 해야 합니다. 알고 보니 가수 측에서 일부러 '바램'이라고 틀리게 표기했다고 해요. '바람'이라고 하면 솔솔 부는 그 바람이 떠올라서, 소원이나 희망을 나타내는 의미로 잘 전달이 되지 않는다는 이유에서였습니다.

　'바램'의 기본형은 '바래다'입니다. '바래다'의 명사형은 '바램'이고요. 바래다는 볕이나 습기를 받아 색이 변한다는 뜻입니다. '이 옷은 이미 많이 바래서 더 못 입겠다'처럼 사용됩니다.

　'바람'의 기본형은 '바라다'입니다. 바라다의 명사형이 '바람'이지요. 바라다는 원하는 생각대로 어떤 일이 이루어지면 좋겠다고 생각한다는 뜻입니다. '시험에 합격하기를 바라다'처럼 사용됩니다.

　그래서 둘을 혼동하면 전혀 다른 의미가 되고 맙니다.

그렇다면 '연락해 주길 바라', '연락해 주길 바래'의 경우, 어떤 표현이 맞을까요?

사실 많은 사람이 문장을 끝맺을 때 '바라' 또는 '바라요'를 쓰는 것을 어색하게 느낍니다. 아무리 어색하다고 해도 어쩔 수 없어요. 소원이나 희망을 전하며 문장을 끝맺을 때는 '바래'가 아니라 '바라' 또는 '바라요'를 써야 맞습니다.

과거 인기리에 방영되었던 〈무한도전〉에는 '친해지길 바래', '일찍 일어나 주길 바래'라는 코너가 있었습니다. 또 노래 중에는 '바래'가 들어가는 가사도 참 많습니다. 그만큼 일상에서 자주 접하고 친숙하다 보니 '바래'가 더 익숙하게 여겨집니다.

한 조사에 따르면, 열 명 중 여섯 명이 '바라' 대신 '바래'를 일부러 사용한다고도 합니다. 어색해서 입이 잘 떨어지지 않는다는 거죠. 상황이 이렇다 보니 '바래'도 표준어로 인정해 달라는 목소리가 높은데요, 언젠가는 '바래'도 '바라'와 나란히 표준어로 인정받는 날이 올 수도 있겠지요?

한눈에 보는 어휘카드

바람 vs 바램

바람	바램
어떤 일이 이루어지기를 기다리는 간절한 마음	볕이나 습기를 받아 색이 변함

우리말 사용법

- 부모는 자식이 행복하기를 바란다.
- 부디 참석하여 주시기를 바랍니다.
- 노크하고 문 열기 바람

✦ 배운 단어를 사용해 문장을 만들어 보세요.

우리말 퀴즈

✦ 아래 문장을 읽고 ( )안에 맞으면 ○, 틀리면 X를 써넣으세요.

- '바램'의 기본형은 '바래다'입니다.   (   )
- '바라다'는 볕이나 습기를 받아 색이 변한다는 뜻입니다.   (   )
- '바라다'의 활용형은 '바래'가 아닌 '바라'입니다.   (   )

✦ '바라다'와 비슷한 말에는 ○, '바래다'과 비슷한 말에는 △ 표시를 하세요.

소망	퇴색	기대	소원
빛바램	염원	희망	변색

더도 말고 덜도 말고
한가위만 같아라

"즐거운 추석 명절 보내세요."

"매일매일 풍성한 한가위만 같아라."

명절을 앞두고 주고받는 인사말입니다.

추석은 우리 민족의 고유 명절 중 하나입니다. 그런데 명칭이 많다 보니 헷갈립니다. 추석은 예로부터 한가위, 중추, 가배일 등 다양하게 불렸는데요, 그중에서도 한가위라는 명칭이 가장 오래되었습니다.

한가위의 어원을 살펴보려면 신라 3대 왕인 유리왕 시대 궁중에서 하던 민속놀이인 가배부터 알아봐야 합니다. 당시 유리왕은 도성 안 부녀자를 두 편으로 가르고 두 명의 공주가 한 편씩 이끌게 하여, 음력 7월 16일부터 음력 8월 14일까지 매일 뜰에서 길쌈을 하게 했습니다. 길쌈이란 실을 만들어 옷감을 짜는 일을 말합니다. 그리고 어느 편이 더 옷감을 많이 짰는지를 견주어 15일에 진 편에서 음식을 내고 모두 노래와 춤을 즐기며 놀았다고 합니다. 이 놀이를 가배라고 불렀는데, 한가운데를 뜻하는 '가배'라는 말이 '가위'로 변하고, 여기에 '크다, 유일하다'의 의미인 '한'이 붙으면서 '한가위'가 되었습니다. 즉 한가위는 8월 한가운데 있는 큰 날이라는 뜻입니다.

그 후 추석이라는 말이 생겼습니다. 추석(秋夕)의 한자 뜻을 풀이하면, '가을 추(秋)'에 '저녁 석(夕)'을 사용해 '가을 저녁'이라는 뜻입니다. 달빛이 가장 좋은 가을 밤이라는 의미가 담겨 있습니다. 전등이 없던 옛날, 어두운 밤은 공포였습니다. 그런 어두움을 밝혀 주는 달은 사람들에게 매우 고마운 존재였을 것입니다. 사람들은 보름날 뜨는 둥근달인 보름달을 환영했고, 보름달 중에서도 매우 큰 보름달이 뜨는 8월 15일 추석을 큰 명절로 기념했습니다.

추석, 한가위 외에도 '중추절'이라는 말도 있습니다. 중추절(仲秋節)의 중추는 '가운데 중(仲)', '가을 추(秋)'가 합쳐진 단어로 '가을 한가운데, 즉 가을이 한창인 때'라는 뜻으로 음력 8월을 달리 이르는 말입니다. 그중에서도 8월의 한중간에 있는 8월 15일에 '마디 절(節)'을 붙여서 중추절이라고 부른 것이지요.

음력 8월은 한 해 농사가 마무리되는 시기입니다. "더도 말고 덜도 말고 한가위만 같아라."라는 말이 있을 정도로, 농사가 주된 일이었던 우리 민족에게는 추석만큼 풍요로운 날이 없었을 겁니다.

이렇게 중요한 날이기에 추석을 가리키는 이름도 많았던 거겠지요? 어떻게 부르든 모두 같은 날이라는 것만 알면 되겠습니다.

한눈에 보는 어휘카드

추석 vs 한가위

추석/한가위

두 단어 모두 음력 8월 15일을 기념하는 명절을 가리키며
햅쌀로 송편을 빚고 햇과일 따위의 음식으로 차례를 지낸다

우리말 사용법

- 한가위 보름달이 참 밝구나.
- 추석을 쇠러 시골집으로 내려왔다.
- 기차 안은 추석을 맞아 고향에 가는 사람들로 만원이었다.

✦ 배운 단어를 사용해 문장을 만들어 보세요.

_____

_____

_____

우리말 퀴즈

✦ 아래 문장을 읽고 ( ) 안에 맞으면 ○, 틀리면 X를 써넣으세요.

- 추석에는 가을 저녁이라는 뜻이 담겨 있습니다.   (   )
- 추석은 양력 8월 15일입니다.   (   )
- 한가위는 추석의 또 다른 말입니다.   (   )

함께 익혀요

- **옷은 시집올 때처럼, 음식은 한가위처럼**
옷은 시집올 때 가장 잘 입을 수 있고, 음식은 한가위 때 가장 잘 먹을 수 있다는 뜻으로, 언제나 잘 입고 잘 먹고 싶다는 뜻

정답 ○, X, ○

체육 시간을 늘이다? 늘리다?

교실 한구석에서 속닥속닥하는 아이들이 보입니다. 모르는 채 지나가려다가 귀를 쫑긋하고 들어 봤습니다.

"체육 시간을 '늘일' 수 있는 방법 없을까?"

"일주일에 두 시간은 부족해. 좀 더 '늘이'면 좋겠어."

"그런데 선생님이 그렇게 해주실까?"

"어떻게 하면 선생님을 설득할 수 있을까?"

체육을 더 하고 싶어 하는 귀여운 아이들의 비밀스러운 대화였습니다.

"얘들아, 체육 시간을 '늘일' 수는 없단다."

제가 불쑥 끼어드니 아이들이 화들짝 놀랐습니다. 제 대답이 야속하다고요? 제가 이렇게 대답한 데에는 이유가 있습니다.

우리는 무언가 기존보다 많아지게 하고, 길어지게 하고, 커지게 한다는 뜻으로 '늘이다', '늘리다'를 사용합니다. 이 둘을 섞어서 쓸 때도 많지요.

늘이다의 사전적 의미는 '본디보다 더 길어지게 하다'입니다. 즉 '길이를 길게 하다'라는 뜻입니다. 늘리다는 '부피, 넓이, 수를 더 커지게 하다'입니다. 즉 '더 많거나 크게 하다'라는 뜻입니다.

다시 말해 '늘이다'는 '길이'와 관련된 단어이고, '늘리다'는 '부피, 넓이, 수, 무게, 시간, 능력' 등과 관련된 단어인 것이지요.

예문을 통해 의미 차이를 확실히 익혀 볼까요?

늘이다는 '고무줄을 늘이다, 바짓단을 늘이다, 엿가락을 늘이다, 밧줄을 늘이다' 처럼 사용합니다. 길이가 길어지는 이미지를 떠올리면 됩니다.

늘리다는 '주차장의 규모를 늘리다, 넓은 평수로 늘려 이사했다, 학생 수를 늘리 다, 체중을 30kg이나 늘렸다, 작업량을 늘리다, 실력을 늘려서 도전하다, 재산을 늘려 부자가 되었다, 쉬는 시간을 늘리다'처럼 사용합니다.

그럼 체육 시간은 늘이는 게 맞을까요? 늘리는 게 맞을까요? 체육 시간은 길이 와 관련된 말이 아닌, '시간'과 관련된 말이니 '늘리다'가 맞습니다.

한눈에 보는 어휘카드

늘이다 vs 늘리다

늘이다	늘리다
본디보다 더 길어지게 하다	물체의 넓이, 부피 따위를 본디보다 커지게 하다

 우리말 사용법

- 고무줄을 길게 늘이다.
- 선을 계속 그어 길이를 늘이다.
- 시험 시간을 30분 늘리다.

✦ 배운 단어를 사용해 문장을 만들어 보세요.

 우리말 퀴즈

✦ 괄호 안에 들어갈 낱말로 바른 것에 ○표 하세요.

- 바짓단을 [늘이다/늘리다].

- 쉬는 시간을 [늘이다/늘리다].

- 고무줄을 길게 [늘이다/늘리다].

- 동아리 회원 수를 [늘이다/늘리다].

문을 부신 걸까?
부순 걸까?

"선생님, 예찬이가 제 사물함 문 부시고 갔어요."

"네가 먼저 그랬잖아!"

물건이 망가지는 일은 학교에서 흔합니다. 그때 물건을 '부시다'라고 말하는 학생도 있고, '부수다'라고 말하는 학생도 있습니다. 이 경우 모음 하나 차이일 뿐인데 의미는 완전히 달라집니다.

먼저 부수다는 '단단한 물체를 여러 조각이 나게 두드려 깨뜨리다, 만들어진 물건을 두드리거나 깨뜨려 못 쓰게 만들다'라는 뜻입니다. 비슷한 말로 '격파하다', '깨뜨리다'가 있습니다. '유리창을 부수다, 자물쇠를 부수다, 문이 부숴질 것 같다'처럼 사용됩니다. 이렇듯 '부수다'는 무언가를 파괴하고 망가트린다는 의미로 사용됩니다.

부시다는 '그릇 따위를 씻어 깨끗하게 하다, 혹은 빛이나 색채가 강렬하여 마주 보기 어려운 상태'라는 뜻입니다. 비슷한 말로 '설거지하다, 시리다'가 있습니다. 깨끗하게 설거지한 그릇에 빛이 반사되어 눈이 부신 장면을 떠올리면 이해하기 쉬울 거예요.

'사용한 그릇을 물로 부시다, 조명이 밝아 눈이 부시다'처럼 사용됩니다. 이렇듯

'부시다'는 씻는다는 의미와 빛이 강렬하다는 의미로 사용됩니다.

눈이 부신다고 할 때는 '부시다'라고 올바르게 표현하는데, 부순다는 말을 할 때는 부순다와 부신다를 혼동해 사용하곤 합니다. 북한에서는 우리와 달리 물건을 두드리거나 깨트려 못 쓰게 만든다는 말로 '부시다'를 사용한다고 합니다. 그러니 헷갈릴 만도 하죠?

주의할 점이 하나 더 있습니다. 우리는 평소 '부셔'라는 표현을 사용하곤 하는데요, '부셔 먹는 과자가 맛있다'처럼요. 그런데 이는 올바른 표현이 아닙니다. '부숴'라고 사용해야 하고, '부셔, 뿌셔'는 틀린 말입니다. '부수다'는 '부숴, 부수고, 부수어'로 사용됩니다. '부셔'는 '부시-'에 종결어미 '-어'가 붙어 줄어든 말로, 기본형은 '부시다'입니다. 그러니 과자는 '부셔' 먹는 게 아니라 '부숴' 먹는 것이지요.

"예찬아, 앞으론 사물함 부수지 말고 깨끗하게 부셔 놓으렴."

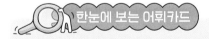

한눈에 보는 어휘카드

부시다 vs 부수다

부시다	부수다
1. 빛이나 색채가 강렬하여 마주 보기가 어려운 상태에 있다 2. 그릇 따위를 씻어 깨끗하게 하다	단단한 물체를 여러 조각이 나게 두드려 깨뜨리다

- 햇빛에 눈이 부셔서 눈을 뜰 수가 없다.
- 음식물을 잘게 부숴 삼키기 좋게 하다.
- 돌을 잘게 부수다.

✦ 배운 단어를 사용해 문장을 만들어 보세요.

✦ 어울리는 단어와 뜻을 연결해 보세요.

부시다 ·

- ① 깨뜨리다

- ② 설거지하다

- ③ 허물다

- ④ 시리다

부수다 ·

- ⑤ 분쇄하다

정답 부시다-②, ④, 부수다-①, ③, ⑤

생선은 조리는 걸까?
졸이는 걸까?

급식 시간이 다가오면 학생들은 급식 메뉴를 예상합니다. 학교마다 급식 시간이 다른데, 선생님이 근무하는 학교 4학년 학생들은 1시 30분에 급식을 먹습니다. 아침을 먹고 온 학생들도 배고플 시간인데, 많은 학생이 아침 식사를 거르니 무척 배고플 수밖에요. 특히 체육 시간이 있는 날에는 무척 배고파합니다.

"오늘 냄새는 생선 조림 같은데?"

"에이, 나 싫어하는데."

"생선에 무랑 양파를 넣고 졸이면 얼마나 맛있는데?"

배가 고파 수업에 집중하지 못하는 아이들을 어떻게 하면 공부시킬까 하다가 눈이 번쩍 뜨였습니다. 12시부터 급식실에서 올라오는 냄새 때문에 민감해진 지금이야말로 정확한 단어를 설명해 주기에 딱 좋은 때인 것이지요.

'조리다'는 양념을 한 고기나 생선, 채소 등을 국물에 넣고 바짝 끓여서 양념이 배게 한다는 의미입니다. 반면 '졸이다'는 찌개나 국 등의 국물을 줄어들게 한다는 뜻입니다.

즉 조리다와 졸이다 모두 음식의 국물이 줄어든다는 점에서 비슷한 의미인 듯하지만, '조리다'가 양념이 푹 스며들도록 끓여내는 것이라면, '졸이다'는 단순히 찌개나 국의 국물 양이 줄어들도록 하는 것입니다.

생선 조림이라는 메뉴에서 '조림'은 '조리다'의 명사형으로, 각종 야채와 양념의 맛이 생선에 밸 수 있도록 푹 끓여 만든 음식을 가리킵니다. 맛이 배도록 한 요리에는 '조리다'를, 국물의 양과 관련해서 표현할 때는 '졸이다'를 사용한다고 기억하면 쉽습니다.

한편 졸이다는 '속을 태우다시피 초조해한다'라는 의미로도 사용됩니다. '마음을 졸이며 결과 발표를 기다렸다'처럼요.

설명하다 보니 급식 시간이 되었습니다. 그럼 조린 생선을 맛있게 먹으러 가볼까요?

 한눈에 보는 어휘카드

조리다 vs 졸이다

조리다	졸이다
양념을 한 고기나 생선, 채소 따위를 국물에 넣고 바짝 끓여서 양념이 배어들게 하다	찌개, 국, 한약 따위의 물을 증발시켜 분량을 적어지게 하다

- 약한 불에 졸여야 수프가 제맛이 난다.
- 요리를 할 때 무를 넣어 조리면 더 맛있다.
- 나는 가슴을 졸이며 합격 소식을 기다렸다.

✦ 배운 단어를 사용해 문장을 만들어 보세요.

✦ 괄호 안에 들어갈 낱말로 바른 것에 ○표 하세요.

- 국물이 너무 많아 찌개를 바짝 [조렸다/졸였다].

- 엄마가 메추리알을 간장 양념에 [조려/졸여] 주셨다.

- 경찰이 들이닥치자 범인은 마음을 [조렸다/졸였다].

✦ 조린 음식 중에 맛있게 먹은 음식을 적어 봅시다.

정답 졸였다, 조려, 졸였다

141

틀린 그림 찾기가 아니라 다른 그림 찾기

텔레파시 게임을 해본 적 있나요? 산과 바다처럼 비슷한 카테고리의 단어 두 개 중에서 하나를 선택해 동시에 외치는 게임으로, 같은 단어를 선택하면 이깁니다. 서로 얼마나 마음이 잘 통하는지 보는 게임인데요, 아무리 친한 사이라도 생각이 같기란 어렵습니다.

그런데 이처럼 생각이 같지 않을 때는 어떻게 표현해야 할까요?

'다르다'고 해야 합니다. 그런데 우리는 '다르다'가 아니라 '틀리다'라고 자주 말합니다. '다르다'와 '틀리다'는 느낌이 비슷하지만 그 뜻은 확연히 다릅니다.

한 통계에 따르면, 한국 사람의 경우 '다르다'를 써야 하는 상황에서 '틀리다'를 쓸 때가 압도적으로 많다고 합니다. '틀리다'를 써야 할 때 '다르다'를 쓰는 일은 별로 없는데 말이지요. 왜 그런지, 어떤 차이가 있는지 살펴보겠습니다.

다르다는 '비교가 되는 두 대상이 서로 같지 않다'라는 뜻입니다. '아들이 아버지와 얼굴이 다르다, 제 생각은 다릅니다'처럼 사용됩니다.

틀리다는 '셈이나 사실 따위가 맞지 않게 되거나 어긋나다'라는 뜻입니다. '계산이 틀리다, 대사를 하나도 틀리지 않고 줄줄 외다'처럼 사용됩니다.

'다르다'가 차이가 있다는 정도의 말이라면, '틀리다'는 '잘못되다, 맞지 않다'라는 표현입니다. 그래서 다르다고 해야 할 때 틀리다를 사용하면, 상대방을 부정하고 내가 더 우월하다는 의미를 전하게 됩니다. 다르다의 반대말은 '같다'입니다. 틀리다의 반대말은 '맞다'입니다. 다시 말해, 틀리다는 옳고 그름을 나누는 말이기 때문에 사용할 때 더 주의해야 합니다.

자, 그럼 문제를 하나 내볼게요. '틀린 그림 찾기' 게임이라는 표현은 맞을까요? 똑같아 보이는 두 개의 그림을 비교해서 조금씩 다른 부분을 찾아내는 게임입니다. 정답이 따로 있는 게 아니라 서로의 차이점을 찾아내는 것이 규칙입니다. 그러니 틀린 그림 찾기가 아닌 '다른 그림 찾기'로 불러야 하죠. 그런데 우리에게 이미 틀린 그림 찾기라는 말이 익숙하다 보니 잘 고쳐지지 않습니다.

게임 이름은 바꿀 수 없지만 우리 태도는 바꿀 수 있습니다. 나와 생각과 의견이 맞지 않는 친구는 틀린 게 아닙니다. 다른 것입니다. 그리고 나와 다른 건 틀린 게 아니지요.

한눈에 보는 어휘카드

틀리다 vs 다르다

틀리다	다르다
셈이나 사실 따위가 그르게 되거나 어긋나다	비교가 되는 두 대상이 서로 같지 아니하다

 **우리말 사용법**

- '다름'과 '틀림'은 서로 다르다.
- 어제 입은 것과 다른 옷을 입었구나.
- 틀린 글자가 있는지 잘 살펴보세요.

✦ 배운 단어를 사용해 문장을 만들어 보세요.

 우리말 퀴즈

✦ 다음 대화를 듣고 '틀리다'와 '다르다'를 올바르게 사용한 친구를 고르세요.

- **하준**: 동생에게 양보하는 걸 보니 역시 형은 틀리구나.
- **지혜**: 네가 푼 수학 문제의 답이 틀린 것 같아.
- **서준**: 두 사람은 쌍둥이인데도 얼굴이 틀리게 생겼어.

(   )

✦ 서로 다른 것인데 틀렸다고 오해한 경험이 있나요? 자신의 경험이 있다면 적어 봅시다.

문을 닫치다가
손을 다치다

자주 틀리는 표현을 살펴보면 발음이 비슷한 경우가 참 많습니다. '다치다, 닫히다, 닫치다'도 비슷한 발음 탓에 자주 잘못 사용되는 우리말이지요. 다음 예문을 함께 볼까요?

1. 다치다: 넘어져서 다리를 다쳤다.
2. 닫히다: 열어 놓은 문이 바람에 닫혔다.
3. 닫치다: 동생은 화가 났는지 문을 탁 닫치고 나갔다.

1번과 2번은 발음이 [다치다]로 같고, 3번은 표기된 글자 그대로 [닫치다]로 발음됩니다. 위의 세 단어 중 1번은 사람들이 별로 헷갈리지 않고 잘 사용합니다. 부상을 당했을 때 자주 하는 말이니까요. 문제는 2번과 3번입니다.

우선 우리에게 친숙한 '다치다'는 '부딪치거나 맞거나 하여 신체에 상처가 생기다'라는 뜻입니다. '사고로 많은 사람이 다쳤다, 몸을 다쳐서 무거운 물건을 들기 어렵다'처럼 사용됩니다.

'닫다'의 뜻을 살펴보면 '열린 문짝, 뚜껑, 서랍 따위를 도로 제자리로 가게 하여 막다'라는 뜻입니다. '뚜껑을 닫다, 방문을 닫고 다니다'처럼 사용합니다.

'닫히다'는 닫다의 피동사입니다. 피동사는 무엇일까요? '동사'는 동작을 나타내는 말이에요. 피동사는 그 동작을 문장의 주어가 아닌 다른 사람이 했고, 주어가 그 동작을 당할 때 사용합니다. 예를 들어 '사자가 토끼를 먹는다'에서 사자의 동작을 표현하는 '먹는다'가 동사입니다. 그런데 반대로 토끼의 입장에서는 먹힘을 당하는 것이니, '먹히다'라는 피동사를 사용해 '토끼가 사자에게 먹히다'처럼 표현할 수 있겠지요.

즉 닫히다는 내가 닫은 것이 아니라 누군가가 닫았다는 뜻입니다. '바람에 방문이 닫혔다'처럼요.

'닫치다'는 닫다를 강하게 표현한 말로, '강하게 닫다'라는 뜻입니다. '급하게 대문을 닫쳤다'처럼 사용됩니다.

어떤가요? 여전히 헷살린다면 예문을 낳이 보면서 쓰임새를 익히고 기억해 두면 좋겠지요.

한눈에 보는 어휘카드

다치다 vs 닫히다 vs 닫치다

다치다	닫히다	닫치다
부딪치거나 맞거나 하여 신체에 상처가 생기다	열린 문짝, 뚜껑, 서랍 따위가 도로 제자리로 가 막히다	열린 문짝, 뚜껑, 서랍 따위를 꼭꼭 또는 세게 닫다

 **우리말 사용법**

- 부주의로 손을 다쳤다.
- 문이 저절로 닫혔다.
- 문을 힘껏 닫쳤다.
- 그 말에 상처를 받아 마음을 다쳤다.

✦ 배운 단어를 사용해 문장을 만들어 보세요.

 **우리말 퀴즈**

✦ 괄호 안에 들어갈 낱말로 바른 것에 ○표 하세요.

- 가게 문이 [다쳐/닫쳐/닫혀] 있다.

- 화가 나서 문을 [다치고, 닫치고, 닫히고] 나갔다.

- 넘어지면서 팔을 [다쳤다/닫쳤다/닫혔다].

정답: 닫혀, 닫치고, 다쳤다

6월이 되면 감옥에 가라고?
6월까지만 감옥에 있으라고?

요즘 흉흉한 범죄 소식이 많이 들려옵니다. 상대적으로 큰 범죄도 있고 작은 범죄도 있지만, 평범한 시민으로서는 작은 범죄 소식에도 무서움을 느끼고 경계할 수밖에 없습니다. 특히 어린이들은 이런 소식에 더 겁을 먹게 되고 부모님의 걱정도 함께 커집니다.

그런데 뉴스를 듣다 보면 뭔가 아리송합니다.

"피고인 ○○○을 징역 6월에 처한다."

이게 도대체 무슨 뜻일까요?

판결문에 흔히 등장하는 문장인데, 영화나 드라마에서 판사님이 법봉을 두드리며 하는 말을 들어 본 적이 있을 거예요. 그런데 이 짧은 문장에서 사람들은 불편함을 느낀다고 합니다. 평범한 사람은 물론이고 판사님과 같은 법조인도 말이죠.

'징역 6월'은 '감옥에 6개월 가둔다'는 뜻입니다. 방금 이런 생각하지 않았나요? '그럼 6개월이라고 하면 되지 왜 6월이라고 할까?' 하고 말이지요. 여러분과 마찬가지로 많은 사람이 불편함을 느끼고 오해를 하곤 합니다. 실제로 '징역 10월에 처한다'라는 판결을 받은 사람이 그해 10월까지만 감옥에 있으면 되는 줄 알고 항소하지 않고 받아들인 경우도 있었습니다.

이런 혼동을 막기 위해서라도 '징역 6월'이 아닌 '징역 6개월'이라고 표기해야한다는 목소리가 있습니다. 일반 국민의 언어 사용 실태와 맞지 않는다는 것이지요. 그 결과 2010년에 '개월'로 표기하기로 형법(무엇이 범죄이고, 어떤 벌을 내릴 것인지에 관한 법률)을 개정했습니다. 하지만 판결문에는 여전히 '월'로 표기되는 경우가 많습니다. 한 법조인은 이렇게 말했습니다.

"'월'이든 '개월'이든 두 가지가 큰 차이는 아닐 수도 있지만, 작은 차이에서도 큰 오해가 생길 수 있습니다. '징역 6월'이 아니라 '징역 6개월'이 올바른 표현이죠. 법조인이 아니라면 '징역 6월'의 의미를 6월 한 달 동안 징역형에 처한다거나 6월까지 감옥에 둔다는 것으로 오해할 수 있습니다. 법률 문장은 국민이 이해하기 쉽고 국어 문법에도 맞는 쉬운 글이어야 합니다."

한눈에 보는 어휘카드

발명 vs 발견

개월	월
달을 세는 단위 (예: 3개월)	1. 한 달 동안 2. 달을 세는 단위로, 기수 뒤에서는 주로 형을 선고하거나 구형할 때 쓰임

우리말 사용법

- 징역 10월을 구형하다.
- 그는 자신이 저지른 죄로 징역 1년 3월을 선고받았다.
- 재판장은 피고에게 징역 6월에 집행유예 1년을 선고했다.

✦ 배운 단어를 사용해 문장을 만들어 보세요.

우리말 퀴즈

✦ 드라마 장면을 보고 친구들이 나눈 대화입니다. 올바르게 말하고 있는 친구의 이름을 적으세요.

- **드라마 장면**: 법원에서 재판장이 판결을 내리고 있는 장면. "피고인을 징역 10월에 처한다." 잘못한 범인이 벌벌 떨고 있는 모습.

- **하준**: 드디어 범인이 처벌을 받게 되었네. 올해 10월부터 감옥에 가겠네.
- **서준**: 아니지. 10월까지 감옥에 갇힌다는 뜻이야. 지금이 6월이니까 앞으로 4개월 동안 감옥에 있어야 한다는 뜻이야.
- **지혜**: 그래? 나는 지금부터 10개월 동안 감옥에 갇히는 거라고 생각하는데?

(   )

운이 없길
바란다고?

몇 년 전, 대통령 선거에 출마하겠다고 선언한 안철수 국민의당 대표에게 국민의 힘 대표가 "무운을 빈다."라고 말한 적이 있습니다. 모 방송사 기자가 이 말을 두고 '운이 없기를 빈다'라는 내용으로 기사를 써서 많은 비난을 받았지요. '무운을 빌다' 를 잘못 해석했기 때문입니다.

이렇듯 선거마다 종종 언급되는 단어인 '무운'에 대해 알아볼까요?

무운(武運)의 한자를 살펴보면, 무(武)는 '굳세다, 용맹하다, 군인, 무기'라는 뜻 입니다. 운(運)은 '옮기다, 움직이다'라는 뜻인데 우리가 흔히 '운이 좋다'라고 할 때 의 '운'입니다. 그러니 무운은 '싸움에서 이기고 지는 운'을 말합니다. 이 단어가 나 온 배경은 이렇습니다.

과거에는 전쟁에서 이기고 지는 것에 운이 매우 중요했습니다. 지금처럼 첨단 과학을 바탕으로 한 자료는커녕 날씨조차 정확히 예측하기 어려웠기 때문에 운 이라는 요소를 더 중요하게 생각했던 것입니다. 역사책을 읽다 보면 전쟁 중 결정 적인 순간에 운이 따라 주어 위기를 극복하거나 승리하는 일화가 셀 수 없이 많습 니다.

《삼국지》에는 이런 내용이 나옵니다. 좁은 골짜기에 갇힌 위나라 병사들 주변으로 불이 나고 화약이 폭발하기 시작합니다. 모조리 불에 타 죽을 위기에 처했는데 갑자기 비가 내립니다. 덕분에 구사일생으로 살아나지요. 상대편인 촉나라는 이를 두고 하늘이 위나라를 돕고 있으니 자기들 힘으로는 어쩔 수 없다고 말합니다. 이처럼 과거 전쟁에서는 운이 매우 중요했죠.

그래서 사람들은 전쟁에서 누구에게 운이 따르는지를 중요하게 생각했고, '전쟁의 운'인 '무운'을 빈다고 표현했습니다. 그러니 '무운을 빈다'는 말은 응원의 메시지인 셈입니다.

다시 돌아가서, 왜 기자는 '무운을 빌다'의 뜻을 잘못 해석했을까요? 우리가 사용하는 말 중에는 '무'가 들어가는 단어가 많습니다. 무의미하다, 무한하다, 무제한 등등. 여기서 무(無)는 '없다'는 뜻입니다. '없다'는 뜻의 '무'가 붙은 단어가 워낙 많고 익숙하다 보니 '무운'의 '무'도 '운이 없다'라고 잘못 이해한 것입니다.

이 책을 읽고 있는 여러분이 어떤 전쟁을 치르고 있든 무운(武運)을 빕니다.

한눈에 보는 어휘카드

무운을 빌다

무운武運	무운을 빌다
전쟁에서 이기고 지는 운수	운이 잘 풀려 원하는 바를 이루기를 바라다

우리말 사용법

- 무운이 없어 패배했다.
- 격투기 선수는 무운을 점치며 승리를 빌었다.
- 전쟁에 나간 군인의 무운을 비는 사람들의 발걸음이 끊이지 않았다.

✦ 배운 단어를 사용해 문장을 만들어 보세요.

_____

_____

_____

우리말 퀴즈

✦ 다음 문장을 읽고 ( ) 안에 맞으면 ○, 틀리면 X를 써넣으세요.

- '무운'에서 '무'의 한자는 無로, '없다'라는 뜻입니다.   (   )
- '무운'에서 '무'의 한자는 武로, '굳세다, 용맹하다, 군인, 무기'라는 뜻입니다.
                                                              (   )
- '무운을 빈다'는 말은 응원의 메시지입니다.   (   )

함께 익혀요

- **건투를 빌다**: 꺾이지 않고 씩씩하게 잘 싸우기를 바라다
- **건승을 바라다**: 탈 없이 건강하기를 바라다

○ ,○ ,X :답정

3장
상급편

긁고 싶은 건 가려운 걸까?
간지러운 걸까?

여름철이면 모기에 물린 아이들이 많아집니다. 모기한테 물리고 나면 그 부위를 긁고 싶죠? 그런데 긁고 싶은 이 마음을 가렵다고 해야 할까요? 간지럽다고 해야 할까요?

꽃가루가 날려서 코가 [가렵다/간지럽다].
모기에 물려서 손등이 [가렵다/간지럽다].

둘 중 무엇을 써야 하는지 답을 알겠나요? 의미가 겹치는 부분이 있어 사실 구분하기가 쉽지는 않아요. 두 단어의 정확한 뜻을 확인하면 힌트가 보입니다.

> 가렵다: 피부에 긁고 싶은 느낌이 있다
>
> 간지럽다: 무엇이 살에 닿아 가볍게 스칠 때처럼 견디기 어려운 느낌이 있다

〈표준국어대사전〉에서는 이렇게 설명하고 있습니다. 언뜻 똑같은 의미 아닌가 싶어집니다. 그러면 다른 사전에 소개된 의미를 살펴봅시다. 〈고려대한국어대사전〉에서는 '간지럽다'를 이렇게 소개합니다.

'살갗에 살짝 닿거나 스칠 때처럼 웃음이 나거나 견디기 어려운 느낌'

어때요? 의미가 좀 더 쉽게 다가오나요? 외부의 자극으로 피부를 긁고 싶거나 웃음이 나올 것 같다면 '간지럽다'를 사용해야 합니다. 친구가 장난을 치며 간지럽 히거나 꽃가루 때문에 재채기가 나올 것 같을 때 말이죠.

반면 모기 같은 해충의 공격이나 감염으로 피부에 이상이 생겨서 피부를 세게 긁고 싶다면 '가렵다'가 맞습니다. 긁고 싶은 느낌에 집중한 말입니다.

그래도 이해가 어렵다면, 지속되는 시간으로 구분할 수도 있습니다. 간지러움 은 일시적인 경우가 많습니다. 간지럽히는 장난을 멈추면 더는 간지럽지 않습니 다. 꽃가루로 인한 재채기도 꽃가루가 사라지거나 재채기를 하고 나면 더는 간지 럽지 않습니다. 하지만 벌레에 물려 가려울 때는 물리고 나서도 한참 동안 가렵습 니다. 지속 시간이 길죠. 이때는 '가렵다'라고 표현하면 됩니다.

"가렵다와 간지럽다는 모두 피부에서 느껴지는 감각이고 긁고 싶다는 생각을 들게 합니다. 하지만 의미는 차이가 있으니 구분해서 사용하면 좋겠죠?"

모두 이해했다며 끄덕이는데 주말에 여행 다녀오면서 모기에 왕창 물린 학생만 못마땅하다는 표정입니다.

"선생님! 당장에 긁고 싶어서 미치겠는데 언제 단어를 구분하고 있겠어요!"

 한눈에 보는 어휘카드

가렵다 vs 간지럽다

가렵다	간지럽다
피부에 긁고 싶은 느낌이 있다	무엇이 살에 닿아 가볍게 스칠 때처럼 웃음이 나거나 견디기 어려운 느낌이 있다

- 손등이 **가려워** 밤새 긁느라 잠을 설쳤다.
- 발바닥에 손을 대자 몹시 **간지러웠다.**
- 옆구리를 쿡 찔렀더니 **간지러워서** 몸을 비틀었다.

✦ 배운 단어를 사용해 문장을 만들어 보세요.

_____

_____

_____

 우리말 퀴즈

✦ 아래 일기를 읽고 틀린 부분을 찾아 바르게 고치세요.

· ○○○○년 ○○월 ○○일 ○요일	· 날씨: 맑음

준후와 함께한 캠핑

준후 가족과 캠핑를 갔다. 물놀이에 필요한 옷, 수건, 물안경 등은 잘 챙겼는데, 벌레 퇴치제나 벌레 물렸을 때 바를 연고는 챙기지 못했다. 모기 떼의 공격을 받아서 여기저기 빨갛게 물린 자국이 생겼다. 물린 부위가 ① **가려웠다.** 긁지 않고 참는 건 고문에 가까웠다.
다음 날에는 준후가 꽃 한 송이를 꺾어 와 내 코에 가져다 댔다. 꽃가루 때문에 재채기가 나올 것처럼 매우 ② **가려웠다.**

틀린 부분 (   ) 바르게 고치기 (   )

신기록을 경신한 걸까?
갱신한 걸까?

뉴스를 보다 보면 분야마다 자주 나오는 단어가 있습니다. 특히 경제나 스포츠 분야에서 자주 나오는 단어가 있는데, 그중 하나가 바로 '경신'입니다.

"유가가 연일 최고치를 경신하고 있습니다."

"○○○ 선수가 세계 신기록을 경신했습니다."

그런데 이와 비슷한 말로 '갱신'이라는 단어가 있어 우리를 혼란스럽게 합니다.

한자어라면 한자의 뜻을 힌트 삼아 의미를 구분할 수 있는데, 경신과 갱신은 한자마저 똑같습니다. 한자가 같은데 왜 읽는 법이 다르냐고요? 한자 更은 '고치다 경', '다시 갱' 두 가지로 읽을 수 있거든요.

심지어 경신과 갱신에는 모두 '이미 기존에 있던 것을 새롭게 고친다'는 의미가 있습니다. 문제는 상황에 따라 쓰임이 다르다는 것입니다.

'경신'은 원래 있던 것의 전부를 고쳐서 새롭게 한다는 의미로 사용됩니다. 주로 '기록을 경신하다'라고 쓰지요. '갱신'은 원래 있던 것의 일부를 고쳐 새롭게 하는 것을 말합니다. 주로 유효 기간이 만료되었을 때 기간을 연장한다는 의미로 사용합니다. 즉 기록은 경신하는 것이고, 계약이나 운전면허는 갱신하는 것이지요.

쉬는 시간에 학생들이 한참 손흥민 선수 이야기를 하던 게 기억나서 질문을 던졌습니다.

"손흥민 선수가 기록을 경신했다고 해야 할까? 갱신했다 해야 할까?"

축구 이야기라면 늘 시끌벅적하던 아이들이 눈알만 굴리며 조용하더군요. 손흥민 선수는 앞으로도 많은 기록을 경신할 테니 제대로 알고 표현해야겠지요?

한눈에 보는 어휘카드

경신 vs 갱신

경신更新	갱신更新
1. 이미 있던 것을 고쳐 새롭게 함 2. 기록경기 따위에서 종전의 기록을 깨뜨림	1. 이미 있던 것을 고쳐 새롭게 함 2. 법률관계의 존속 기간이 끝났을 때 그 기간을 연장하는 일

 우리말 사용법

- 여권을 **갱신**하다.
- 면허 **갱신**을 거부하다.
- 노사 간에 단체 협상 **경신** 문제를 놓고 협상을 벌였다.

✦ 배운 단어를 사용해 문장을 만들어 보세요.

 우리말 퀴즈

✦ 아래는 신문 기사의 일부입니다. 기사에서 틀린 부분을 찾아 바르게 고쳐 보세요.

- 2020년 3월 ○일 경제 뉴스

내년부터 여권 ① **경신**을 온라인으로 신청할 수 있게 되었습니다. 기존에는 직접 구청을 방문해 ② **갱신**해야 했습니다. 이번 변화로 국민의 불편이 줄어들 것으로 전망됩니다.

틀린 부분 (   ) 바르게 고치기 (   )

- 2024년 9월 ○일 날씨 뉴스

제주 북부 지역은 지난 6월 29일 밤 첫 열대야가 발생한 이후 누적 발생 일수가 58일로 늘어나며, 연일 역대 기록을 ③ **갱신**하고 있습니다.

틀린 부분 (   ) 바르게 고치기 (   )

정답 ① 경신→갱신 / ③ 갱신→경신

누가 나를 '인마'라고 불렀어?!

"임마! 너 어디 가냐?"

"뭐, 인마! 너나 까불지 마!"

친밀한 관계에서 장난식으로 사용되기도 하고, 다투는 상대를 속되게 부를 때도 자주 등장하는 말이 있지요. 바로 인마입니다. 비속어라서 학생들에게 올바른 표현을 알려 주는 게 바람직한 일인지 고민도 되지만, 아이들끼리 자주 사용하는 말이기에 살펴보고자 합니다.

우선 정확한 표현은 '인마'입니다. '임마'는 표준어로 인정받지 않은 비표준어입니다.

인마는 '이놈아'의 준말로 자신보다 나이가 어린 사람을 편하게 부를 때 사용합니다. 인마를 비속어라고 하는 이유는 단어에 '놈'이라는 의미가 담겨 있기 때문입니다. 인마의 본말인 '이놈아'에서 '놈'은 남자를 낮잡아 부르는 말입니다. 상대방을 얕잡아 보는 표현이니 듣는 사람을 기분 나쁘게 하는 말이지요. '준말'이란 단어의 일부분이 줄어든 말입니다. 줄임말과 비슷한 뜻인데요, 예를 들어 '사이'가 '새'로, '머무르다'가 '머물다', '서투르다'가 '서툴다'로 줄어든 것이 그러한 예입니다. 단어의 일부분이 줄어든 말이 준말이라면, 줄지 않은 원래의 말을 '본말'이라고 합니다.

본말이 표준어이지만, 준말이 본말처럼 널리 쓰일 때는 본말과 준말을 모두 표준어로 삼습니다. 인마가 바로 그런 말입니다.

'인마'와 비슷한 표현으로 '얀마'가 있는데 '야, 인마'가 줄어든 말입니다. 친구나 가까운 사이에서 사용됩니다. 인마든 얀마든 친근한 사이에서 가벼운 타박이나 나무람을 할 때 사용되는 비격식적 표현이지요.

"선생님~, 그런데 지금은 인마가 바른 표현이라는 걸 알겠는데, 막상 화가 나서 말할 때는 기억이 안 날 것 같아요."

"저도 그냥 하던 대로 '임마'라고 부를 것 같아요."

이 학생처럼 인마와 임마가 헷갈린다면 이렇게 생각해 보세요. 인마가 무슨 말의 준말이라고 했죠? '이놈아'였죠. '이놈아'에서 '놈'의 초성은 'ㄴ'입니다. 이 니은(ㄴ)을 기억하는 거예요. 그럼 임마가 아니라 인마라고 떠올릴 수 있지 않을까요?

'인마'나 '임마'나 둘 다 들으면 기분이 나쁜 말입니다. 올바른 표현을 아는 것도 중요하지만, 올바른 표현을 사용함으로써 상대방을 존중하고 배려하는 여러분이 되길 바랍니다.

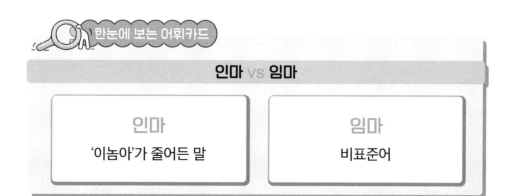

한눈에 보는 어휘카드

인마 vs 임마

인마	임마
'이놈아'가 줄어든 말	비표준어

우리말 사용법

- 인마! 그만 떠들고 자리에 앉아!
- 나를 예뻐하시는 삼촌은 나를 '인마'라고 부르신다.
- 말 좀 잘 들어, 인마!

✦ 배운 단어를 사용해 문장을 만들어 보세요.

우리말 퀴즈

✦ 다음 대화를 듣고 '인마'에 대해 잘못 이야기한 친구를 고르세요.

- **성범**: 야, 인마! 너 이제 어쩔 거야?
- **미라**: 친구한테 인마라니! 인마는 상대방을 얕잡아 보는 표현이야.
- **경애**: 맞아. 미라가 잘못한 건 맞지만 인마는 상대가 들었을 때 기분 나쁜 표현이야.
- **성범**: 미안해. 표준어니깐 사용해도 되는 줄 알았어.
- **미라**: '인마'와 '임마' 모두 표준어이지만, 비속어니까 사용하지 않는 게 좋아.

(   )

생떼를 쓴 걸까?
땡깡을 부린 걸까?

장난감을 갖고 싶은 아이가 엄마에게 사 달라고 조르지만 아무 소용이 없자 마트에 드러누워 떼를 쓰기 시작합니다. 그런 아이에게 엄마가 단호하게 말합니다.

"땡깡 부린다고 사주지 않아. 어서 일어나!"

"왜 이렇게 생떼가 늘었을까."

이처럼 우리는 고집을 부리는 상황에서 '땡깡'이나 '생떼'라는 말을 자주 사용합니다. 특히 땡깡은 귀엽게 투정 부리는 느낌이 있는데요, 사실 이 말은 일제 강점기의 잔재 용어 중 하나입니다.

우리나라는 과거 약 35년 동안 일본의 지배 아래 있었습니다. 당시 우리말 사용을 금지하고 일본어만 사용하도록 강요했기에 현재 우리가 쓰는 말 중에는 여전히 그 시절의 언어가 남아 있습니다. 일본어로 덴칸(てんかん)은 뇌전증(간질)을 뜻합니다. 뇌전증은 갑자기 몸에 경련이 일어나고 의식을 잃으며 발작 증상을 되풀이하는 병입니다. 땡깡과 간질은 발음도 비슷한 데다 떼를 부리는 모습이 발작 증세와 유사해 보인다고 해서 쓰이기 시작했습니다.

생떼는 생과 떼가 합쳐진 말입니다. '떼'는 '부당한 요구를 들어 달라고 고집하는 짓'입니다. 거기에 '생-'이라는 접두사가 붙은 것이지요.

165

접두사란 단어 앞에 붙어 새로운 단어가 되게 하는 말입니다. 예를 들어 '날리다'라는 단어에 '휘-'라는 접두사 붙으면 '매우 심하게 날리다'라는 '휘날리다'가 됩니다. '헛-'이라는 접두사가 붙은 '헛수고', '헛소리'라는 단어가 있고, '맨-'이라는 접두사가 붙은 '맨발', '맨손', '맨땅', '맨주먹' 등이 있지요.

생떼에 붙은 접두사 '생-'은 '억지스러운' 또는 '아무런 실속이 없다'는 뜻입니다. 그러니 생떼는 '억지로 쓰는 떼, 쓸데없이 부리는 의미 없는 고집'이라고 할 수 있습니다. 접두사 '생-'이 붙은 다른 낱말로는 '생고생', '생이별', '생트집' 등이 있습니다.

땡깡은 일제 잔재 용어이기도 하지만, 장애 비하 용어이기도 합니다. 그래서 장애인먼저실천운동본부 등은 이 용어를 사용하지 말자는 운동을 펼치고 있지요.

그러니 여러분은 땡깡 말고 생떼라는 단어를 사용하기 바랍니다. 물론 생떼를 부리지 않으면 더 좋고요.

한눈에 보는 어휘카드

생떼 vs 땡깡

생떼	땡깡
억지로 쓰는 떼	'생떼'를 속되게 이르는 말

 **우리말 사용법**

- 엄마에게 사 달라고 생떼라도 써볼까?
- 생떼를 부리면 아무도 못 말린다.
- 생떼를 쓰며 울기 시작했다.

✦ 배운 단어를 사용해 문장을 만들어 보세요.

 **우리말 퀴즈**

✦ 아래 문장을 읽고 (　) 안에 맞으면 ○, 틀리면 X를 써넣으세요.

- '떼'라는 단어는 '부당한 요구를 들어 달라고 고집하는 짓'입니다.　(　　)
- 단어 앞에 붙어 새로운 단어가 되게 하는 말을 '접두사'라고 합니다.(　　)
- '생떼'라는 단어는 일본어로 뇌전증을 뜻합니다.　　　　　　　(　　)

 **함께 익혀요**

- **트집**: 공연히 조그만 흠을 들추어 내어 불평을 하거나 말썽을 부림
- **억지**: 잘 안 될 일을 무리하게 기어이 해내려는 고집
- **투정**: 무엇이 모자라거나 못마땅하여 떼를 쓰며 조르는 일

정답 ○, ○, X

꼬르륵 소리는 '뱃속'에서 나는 걸까? '배 속'에서 나는 걸까?

배꼽시계는 참 정확합니다. 신기하게도 매일 비슷한 시간에 배꼽시계가 울립니다. 그 소리가 선생님 배에서 나는 날에는 학생들 모두 배꼽을 잡고 웃습니다. 누구나 가지고 있는 배꼽시계 알람 소리는 '뱃속'에서 나는 걸까요? '배 속'에서 나는 걸까요?

배 안쪽이니 '배 속'이라고 적어야 할까요? 아니면 붙여서 쓰고 사이시옷을 붙여서 '뱃속'이라고 적어야 할까요? 정답은 '뱃속'입니다.

그런데 뱃속은 배 안쪽의 육체적인 공간을 가리키기도 하지만 그것 말고 다른 뜻도 있습니다. '마음'을 속되게 이를 때도 '뱃속'이라는 어휘를 쓰거든요. '그들의 검은 뱃속을 미처 몰랐다'라는 문장에서 '뱃속'은 육체적인 배의 속이 아니라 '마음'을 뜻합니다. 음흉한 속내를 알지 못했다는 뜻입니다.

'머릿속'도 마찬가지입니다. 물리적인 머리 안쪽을 가리킬 때도, 상상하고 생각하는 추상적인 영역을 가리킬 때도 붙여서 씁니다. '머리 속'이라는 말은 없고, 머릿속이라고 붙여서 써야 합니다. 머릿속에는 '머리의 속', '상상이나 생각이 이루어지거나 지식 따위가 저장된다고 믿는 머리 안의 추상적인 공간', '머리뼈 안쪽에 뇌가 차 있는 공간'이라는 세 가지 뜻이 있습니다. 어떤 의미든 머리 안에서 일어나는 일을 표현하고 싶다면 '머릿속'이라고 붙여 쓰면 됩니다.

　그런데 '가슴속'은 조금 다릅니다. '가슴속'에는 물리적인 의미는 없습니다. 오직 '마음의 속'이라는 뜻만 있습니다. '가슴속에 깊이 간직한 추억', '가슴속을 열어 보이다' 등으로 씁니다. 그러니 물리적인 가슴 안쪽을 가리키고자 할 때는 '가슴 속'이라고 띄어 써야겠습니다.

한눈에 보는 어휘카드

뱃속 vs 배 속

뱃속	배 속
1. 배의 속 2. 마음을 속되게 이르는 말	비표준어

- 뱃속에서 태아가 자라고 있다.
- 뱃속에 있는 장기가 튼튼하다.
- 그 사람 뱃속을 도무지 알 수가 없다.

✦ 배운 단어를 사용해 문장을 만들어 보세요.

우리말 퀴즈

✦ 아래 문장을 읽고 '뱃속'이 나타내는 의미를 보기에서 골라 보세요.

<보기>

뱃속

㉠ 배 안쪽의 육체적인 공간
㉡ 마음을 속되게 이르는 말

① 갑자기 뱃속이 쓰리고 현기증이 나는 게 몸이 영 좋지 않네.   (   )

② 음식을 잘못 먹어서 뱃속이 편안하지 않다.   (   )

③ 사람 속은 모른다는데 내가 어떻게 그 사람 뱃속을 알겠니?   (   )

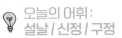

신정이냐 구정이냐, 그것이 문제로다!

한 학생이 이런 질문을 했습니다.

"설날을 부르는 이름이 다양하잖아요. 무엇이 옳은 표현이에요?"

답해 주기 전에 반 학생들에게 물어보니 '설', '설날', '구정', '신정'처럼 집마다 부르는 표현이 다르다고 답합니다. 앞에서 배운 추석과 한가위처럼요.

설날은 추석과는 약간 다른 점이 있습니다. 일제강점기라는 우리의 아픈 역사와 관련이 있거든요. 한번 살펴봅시다.

설, 설날, 정월 초하루, 신정, 구정, 같은 날이 맞나 싶을 정도로 부르는 이름이 참 다양합니다.

'설'이라는 이름의 유래에 대해서는 몇 가지 주장이 있습니다. 그중 '낯설다'라는 말의 '설다'에서 유래했다는 주장에 가장 힘이 실리고 있습니다. 한 해가 지나가고 새롭게 온 날(하루)이 낯설다는 의미에서 '설다 + 날'이 합쳐져 '설날'이 되었다는 주장입니다. 설은 고려시대에 기록된 역사책《삼국유사》에도 기록이 남아 있을 정도로, 오래전부터 우리 조상이 지켜 온 전통이자 풍습입니다.

'정월 초하루'는 날짜를 뜻하는 말입니다. 우리 설은 음력 1월 1일이지요. 음력으로 한 해의 첫째 달을 '정월'이라고 하고, 매달 첫째 날을 '초하루'라고 합니다. 그래서 설날을 정월 초하루라고도 부르는 것입니다.

이처럼 설날을 비롯해 우리 전통 명절이나 행사는 대부분 음력을 사용합니다. 그래서 설날은 양력으로 새해 첫날이 아닌 1월 말이나 2월 중에 있습니다. 그러다가 일제강점기 때 음력 설이 위기에 처합니다. 당시 일본은 모든 명절과 기념일을 양력으로 바꾸어 사용하고 있었고, 식민지인 우리나라도 일본의 강압 때문에 양력을 사용할 수밖에 없었습니다. 하루아침에 양력 1월 1일을 설날로 하라니 반발이 있을 수밖에 없습니다. 그야말로 '낯선 날'인 '설날'이 되어 버린 셈입니다.

일본은 우리나라가 지냈던 음력 1월 1일을 '옛 구(舊)'를 사용하여 '구정'이라고 하고, 자신들이 만든 양력 1월 1일을 '새로울 신(新)'을 사용하여 '신정'이라고 하였습니다. 새로운 정월 초하루를 두드러지게 하려고 우리의 전통을 오래된 정월 초하루, 구정이라고 한 것입니다.

이러한 역사가 있으니 우리가 현재 지내는 명절 '설'을 구정이라고 하기보다 설날, 설, 설 명절이라고 하면 더 좋겠죠? 하지만 신정을 무조건 쓰지 말아야 할 말로 생각하면 곤란합니다. 신정이 일본이 만들어 낸 이름이긴 해도 현재는 양력 설날이라는 의미보다는 '새해의 시작'이라는 의미로 많이 사용되거든요. 달력에도 신정이라고 표기하는 경우가 많습니다.

한눈에 보는 어휘카드

설날 vs 신정 vs 구정

설날	신정	구정
우리나라 명절의 하나, 정월 초하루날이다	양력 1월 1일, 양력설을 구정에 상대하여 이르는 말	음력 정월, 음력설을 신정에 상대하여 이르는 말

우리말 사용법

- 설날 아침에 아이들은 어른들께 세배를 했다.
- 구정이 다가와서 그런지 차가 더 많이 막힌다.
- 신정 연휴에는 손님이 별로 없다.

✦ 배운 단어를 사용해 문장을 만들어 보세요.

우리말 퀴즈

✦ 주변 사람에게 우리 고유 명절 '설'을 뭐라고 부르는지 물어보면서 통계를 내봅시다. 그러면서 여러분이 유래도 함께 설명해 주면 좋겠죠?

설	( )명
설날	( )명
구정	( )명
신정	( )명
새해	( )명

일상에선 사용하지 않고
글에서만 사용하는 단어

"국어 교과서가 잘못했네."

"맞아. 우리가 듣지도 보지도 못한 말을 여기다 떡하니 사용하면 어쩌라는 거야."

교과서에 나온 단어가 아이들의 심기를 건드렸습니다. 그 주인공은 바로 '시나브로'와 '바야흐로'입니다.

사실 두 단어를 일상생활에서 사용하는 경우는 거의 없습니다. 이렇듯 일상 대화에서 쓰는 말투가 아닌 글에서 주로 쓰는 말투를 문어체라고 합니다. 반대로 일상적인 대화에서 주로 쓰는 말투는 구어체라고 하지요.

구어체는 뜻을 알기 쉽습니다. 일상에서 사용하는 말이니 직관적으로 뜻을 파악할 수 있습니다. 반면 문어체는 실제 대화할 때 사용하지 않기에 뜻을 알기 어렵습니다. 게다가 문어체는 어려운 국어 지문이나 오래된 글에서나 볼 수 있기 때문에 학생들에게 반가운 존재는 아니지요.

시나브로와 바야흐로는 둘 다 순우리말입니다. 시나브로는 '모르는 사이에 조금씩 조금씩'이라는 뜻입니다. 뜻을 들으니 어때요? 의미는 정말 쉽죠? 비슷한 말로는 '은밀하게, 살금살금, 슬며시'가 있습니다. 예를 들어 '불가능해 보이던 방죽 쌓는 일이 시나브로 이어져 나가더니 마침내 완성되었다'라는 문장을 살펴봅시다. 방죽은 물이 밀려 들어오는 것을 막기 위해 쌓은 둑입니다. 처음에는 까마득하게만 여겨졌던 둑 쌓기가 시간이 지날수록 조금씩 조금씩 완성되어 가는 모습이 그려지나요? 시나브로는 바로 그런 단어입니다.

'바야흐로'는 '이제 한창, 이제 막, 지금 바로'라는 뜻입니다. 예문을 보면, 계절이 변화하는 상황이나 말하는 시점부터 새로운 변화가 시작되는 상황에서 이 단어를 사용하곤 합니다. 과거형으로 사용되기보다 현재형으로 사용됩니다. '바야흐로 봄이다'처럼요. 새로운 시작을 외치는 단어라는 느낌이 들죠?

한눈에 보는 어휘카드

시나브로 vs 바야흐로

시나브로	바야흐로
모르는 사이에 조금씩 조금씩	이제 한창, 또는 지금 바로

우리말 사용법

- 가을이 되자 길가에 시나브로 낙엽이 쌓이기 시작했다.
- 겨울이 시나브로 사라지고 어느덧 봄이 찾아왔다.
- 이제는 바야흐로 과학의 시대이다.

✦ 배운 단어를 사용해 문장을 만들어 보세요.

우리말 퀴즈

✦ 괄호 안에 들어갈 낱말로 바른 것에 O표 하세요.

- 낙엽이 [시나브로 / 바야흐로] 날려 발밑에 쌓이고 있었다.
- 이제 그는 자기 분야에서 [시나브로 / 바야흐로] 달인의 경지에 올라 있다.
- 그는 [시나브로 / 바야흐로] 그녀에게 마음을 빼앗기고 있었다.

✦ '시나브로'와 비슷한 말에는 O표를, '바야흐로'와 비슷한 말에는 △표를 해보세요.

조금씩	막	점차	이제
금세	차츰	한창	차차로

누가 우승할지
가름하기 어렵다?

"실력이 막상막하라서 누가 우승할지 (가름/갈음/가늠)이 어렵다."

발음이 비슷한 단어들이 우리말에는 정말 많은 것 같습니다.

'가름하다'는 '쪼개거나 나누어 따로따로 되게 한다'는 뜻입니다. '둘로 가름, 양쪽으로 편을 가름'처럼 갈라 놓는 것을 생각하면 이해하기 쉽습니다. '차림새만 봐서는 여자인지 남자인지 가름하기 어렵다'라는 문장을 보면, 성별이라는 기준으로 나누기가 어렵다는 말이지요.

여기에 뜻이 확장되어서 '승부나 등수를 정하다'라는 뜻도 있습니다. 이기고 지는 것, 1등, 2등, 3등……, 순위를 정하는 것도 따로따로 쪼개어 등수를 나눈다는 의미이니 '가름'을 사용해야 합니다.

'갈음하다'는 '다른 것으로 바꾸어 대신한다'는 의미입니다. 비슷한 말로는 '대신하다, 대체하다, 바꾸다'가 있습니다. 낡은 책상을 새 책상으로 바꿨다고 생각해 봅시다. 본래의 것 대신에 다른 것으로 바꾸는 일이므로 갈음한 것이 됩니다. 예를 들어 '과거에는 사람들이 음식으로 화폐를 갈음하여 사용하기도 했다'라는 문장을 보면, 음식이 돈으로 대신 사용되었다는 뜻이니 '갈음'을 사용해야 합니다.

'가늠'은 '목표 혹은 기준에 맞고 안 맞음을 헤아려 보다, 사물을 어림잡아 헤아리다'의 뜻입니다. '헤아리다'는 말이 어렵다면 '짐작하다, 추측하다'로 생각하면 됩니다. 대충 그럴 것이다, 대강 이 정도는 될 것이다고 생각하는 게 바로 가늠인 거죠.

총에는 '가늠쇠'라는 장치가 있습니다. 총구 가까이에 붙어 있는 작은 쇳조각으로, 동그란 구멍이 나 있습니다. 이 구멍으로 목표물을 보고, 목표물을 가늠쇠 안에 들어오게 한 뒤, 방아쇠를 당기면 정확도가 높아집니다. 목표물이 맞을지 안 맞을지 조준하면서 짐작해 보는 것이니 '가늠'이란 단어를 사용해서 가늠쇠라는 이름이 붙은 것입니다.

자, 이제 정답을 알겠나요?

한눈에 보는 어휘카드

가름 vs 갈음 vs 가늠

가름	갈음	가늠
1. 쪼개어 나누어 따로 따로 되게 하는 일 2. 승부나 등수 따위를 정하는 일	다른 것으로 바꾸어 대신함	1. 목표나 기준에 맞고 안 맞음을 헤아려 봄 2. 사물을 어림잡아 헤아림

우리말 사용법

- 홈런 한 방이 승리를 가름했다.
- 선생님의 실제 나이는 가늠이 안 된다.
- 제 소개는 피아노 연주로 갈음하겠습니다.

✦ 배운 단어를 사용해 문장을 만들어 보세요.

우리말 퀴즈

✦ 괄호 안에 들어갈 낱말로 바른 것에 ○표 하세요.

- 그 건물의 높이가 [가름/갈음/가늠]이 안 된다.

- 한 사람의 말만 듣고는 잘잘못을 [가름/갈음/가늠]하기 어렵다.

- 과거에는 사람들이 소금으로 화폐를 [가름/갈음/가늠]하여 사용했다.

- 앞으로의 승패를 [가름/갈음/가늠]하여 볼 수 있다.

✦ 어울리는 단어와 단어를 연결해 보세요.

가늠 ·	· 짐작
가름 ·	· 대신
갈음 ·	· 나눔

혼돈과 혼동 중에 무얼 써야 하는지 혼란스럽다

지금까지 발음이나 모양은 비슷한데 뜻은 정반대인 단어들을 살펴봤습니다. 이번에는 생긴 것도 비슷한데 의미까지 비슷해서 더 헷갈리는 단어를 살펴보려고 해요. 바로 '혼돈'과 '혼동'과 '혼란'입니다. 이 단어를 떠올리면 뭔가 어지럽고 어수선한 느낌이 공통적으로 떠오를 거예요. 그런데 뭐가 어떻게 다른 걸까요?

사전적 정의는 다음과 같아요.

> 혼란: 뒤죽박죽이 되어 어지럽고 질서가 없음
>
> 혼동: 구별하지 못하고 뒤섞어서 생각함. 서로 뒤섞여 하나가 됨
>
> 혼돈: 마구 뒤섞여 있어 갈피를 잡을 수 없음. 또는 그런 상태

세 단어에 공통으로 들어간 글자와 뜻이 보입니다. '혼'은 뒤죽박죽 뒤섞였다는 뜻입니다. 이렇게만 보면 세 단어 모두 같은 뜻인 것 같지만, 나머지 뜻을 보면 의미가 저마다 다릅니다.

질서는 순서나 차례를 의미합니다. 이 의미를 바탕으로 살펴보면, 혼란은 '일의 순서나 차례가 없고 질서 정연하지 않는 상황'에서 주로 사용합니다. '불이 나자 선생님들은 혼란을 수습하고 학생들을 학교 밖으로 내보냈다'라는 문장을 봅시다.

불이 난 상황이니 아이들이 저마다 소리를 지르며 우왕좌왕하고 있을 거예요. 이처럼 질서 없이 어지러운 상황은 혼란이라고 해요.

하나는 일치된 상태를 말하지요. 즉 '혼동'은 마땅히 나뉘 있어야 하는 것이 하나로 합쳐져 있을 때 사용합니다. '영화를 보는 동안 나는 무엇이 현실이고 무엇이 가상인지 혼동이 되었다'와 같이 쓸 수 있지요. 가상과 현실이 뒤섞여 하나가 되어 버린 것입니다.

'외래문화의 무분별한 수입은 가치관의 혼돈을 초래한다'라는 문장은 어떤가요? 문화가 '마구 뒤섞여 있어서 구별하지 못하고 어떻게 해야 할지 모르겠는 상황'에서는 혼돈을 사용합니다. 혼돈의 뜻풀이에서 나오는 '갈피'라는 단어는 '일이나 사물의 갈래가 구별되는 자리'라는 뜻으로 '갈피를 못 잡으면' 둘 사이의 경계를 구분할 수가 없어서 뭐가 뭔지 모르는 상태가 되고 맙니다.

다소 어려울지 모르는데, 위 내용을 다시 읽어 보거나 예시 문장을 검색해서 많이 살펴보면 좀 더 자연스럽게 구분할 수 있을 겁니다. 열심히 공부해서 혼돈과 혼동을 혼란스러워하지 않길 바랍니다.

한눈에 보는 어휘카드

혼동 vs 혼돈 vs 혼란

혼동	혼돈	혼란
구별하지 못하고 뒤섞어서 생각함	마구 뒤섞여 있어 갈피를 잡을 수 없음	뒤죽박죽이 되어 어지럽고 질서가 없음

우리말 사용법

- 혼돈의 시대에는 진정한 리더가 필요하다.
- 친구 아버지의 전화 음성은 친구의 음성으로 혼동될 정도로 유사하다.
- 게임 규칙이 안내되지 않아서 현장은 혼란의 연속이었다.

✦ 배운 단어를 사용해 문장을 만들어 보세요.

우리말 퀴즈

✦ 어울리는 문장과 설명을 연결해 보세요.

혼란 ·

· ① 구별하지 못하고 뒤섞어서 생각함, 서로 뒤섞여 하나가 됨

혼동 ·

· ② 뒤죽박죽이 되어 어지럽고 질서가 없음

혼돈 ·

· ③ 마구 뒤섞여 있어 갈피를 잡을 수 없음, 또는 그런 상태

나라를 위해
목숨을 바치다?

어버이날이 다가오면 학교에서 학생들이 열심히 선물을 준비합니다. 효도 쿠폰을 만들기도 하고, 카네이션을 예쁘게 접기도 하고, 예쁜 편지지에 마음을 담은 글을 적기도 합니다. 모두 정성 가득한 선물입니다. 한 학생이 질문을 했습니다.

"저를 키우느라 고생하신 부모님께 마음을 담아 이 선물을 바칩니다, 받칩니다, 받힙니다? 이 중에 뭐가 맞아요?"

글로 쓰려고 하면 이렇게 헷갈리는 표현이 있습니다. 어떤 단어가 올바를까요?

'받치다'는 '받다'에 강세를 나타내는 접미사 '-치-'가 합쳐져 만들어진 말입니다. '받히다'는 '받다'에 피동접사 '-히-'가 합쳐져 만들어진 피동사고요. 내가 받은 게 아니라 받음을 당했다는 뜻입니다. 둘 다 '받다'를 뿌리에 두고 있으니 헷갈릴 법합니다. 하지만 뜻은 완전 다르지요.

'받치다'는 '우산이나 양산 따위를 펴서 들다, 기울어지거나 쓰러지지 않도록 아래를 잡다, 옷의 색이나 모양이 조화를 이루도록 하다' 등의 뜻입니다. '그릇을 받쳐 들다, 두 손으로 머리를 받치고 누워 있다'처럼 사용됩니다. 대체로 물건을 지지하는 의미로 사용하는데, 의견을 지지한다는 의미로 사용되기도 합니다. '당신의 주장을 받치는 증거를 찾아오세요'처럼요.

183

'받히다'는 '머리나 뿔 따위에 세차게 부딪히다'라는 의미입니다. '자동차에 받히다, 소뿔에 받혀 다쳤다'처럼 사용됩니다. 앞서 설명했듯이 '받다'의 피동사이니 '받히다'는 수동적인 느낌의 단어입니다. 다른 사람이나 다른 물체에 의해 충격을 당했다는 의미입니다.

이제 '바치다'를 살펴봅시다. '바치다'의 기본형은 '바치다'입니다. 위의 두 단어의 뿌리인 '받다'와는 상관이 없는 별개의 단어입니다. '신이나 웃어른에게 정중하게 드리다, '아낌없이 내놓다'는 뜻으로 사용됩니다. '임금님께 예물을 바치다, 나라와 겨레를 위하여 목숨을 바쳤다'처럼 사용됩니다.

그래도 헷갈린다면 이렇게 기억해 보면 어떨까요? '받치다'는 받침 'ㄷ'이 쓰러지지 않도록 아래에서 지지하고 있다고 기억하는 거죠. 그런데 디귿을 다른 사람에게 줘 버렸습니다. 중요한 받침 역할을 해야 하는데 줘 버린 것이죠. 아마 높은 사람이니 드린 거겠죠? 그래서 디귿이 빠진 '바치다'는 신이나 웃어른에게 징중하게 드린다는 뜻이 됩니다.

한눈에 보는 어휘카드

받치다 vs 받히다 vs 바치다

받치다	받히다	바치다
1. 물건의 밑이나 옆 따위에 다른 물체를 대다 2. 옷의 색깔이나 모양이 조화를 이루도록 함께 하다	머리나 뿔 따위에 세차게 부딪히다	신이나 웃어른에게 정중하게 드리다

우리말 사용법

- 비를 맞고 가는 친구를 위해 우산을 받쳐 주었다.
- 심하게 내리는 비로 미끄러지는 차에 받혀 크게 다쳤다.
- 나라를 위해 목숨을 바치다.

✦ 배운 단어를 사용해 문장을 만들어 보세요.

우리말 퀴즈

✦ 괄호 안에 들어갈 낱말로 바른 것에 ○표 하세요.

- 흰 티를 [받쳐서/바쳐서] 입으면 더 이쁠 것 같아.
- 쟁반에 음식을 [받히고/받치고] 가져가는 게 어때?
- 너라면 조국을 위해 목숨을 [받힐/바칠] 수 있겠어?
- 뇌물을 [받힐/바칠] 생각조차 하지 마.

한나절은
몇 시간일까?

"다 하려면 한나절은 걸리겠다~."

미술 작품을 이미 다 완성한 하준이가 아직 한참 남은 서준이를 놀리듯이 말합니다.

"한나절이 몇 시간인지는 알고 말하니?"

서준이가 지지 않고 바로 대꾸합니다.

"뭐, 오래 걸린다는 뜻 아니야?"

'한나절'은 문학작품에도 많이 등장하는 단어입니다. 하준이가 알고 있는 것처럼 오래 걸린다는 의미를 표현할 때 주로 사용하는 단어이지요. 그런데 한나절은 정확히 몇 시간일까요? 또 한나절과 함께 자주 사용되는 '반나절'은 어느 정도의 시간을 말하는 걸까요?

이를 알기 위해서는 먼저 '나절'의 뜻을 알아야 합니다. 나절은 '하룻낮의 절반쯤 되는 시간'을 의미하지요. 하루는 24시간이고, 그중 낮은 대략 열두 시간입니다. 물론 여름이냐 겨울이냐에 따라 낮과 밤의 길이에 차이가 있지만, 대개 밤과 낮을 각각 열두 시간으로 봅니다. 즉 나절은 낮의 절반인 시간을 의미하므로, 여섯 시간에 해당합니다.

그런 나절이 하나 있다는 의미로 한나절이니 한나절 역시 여섯 시간을 뜻합니다. 한나절의 절반인 '반나절'은 세 시간이 되는 것이지요.

그런데 문제는 지금부터 생겨납니다. 2011년에 국립국어원에서 '한나절'의 의미에 '하룻낮 전체'라는 뜻을 포함시켜 버렸습니다. 시간으로 설명하자면 여섯 시간이었던 한나절을 열두 시간으로 여겨도 된다고 해 버린 셈입니다. 그럼 반나절은 어떻게 될까요? 한나절을 열두 시간으로 본다면 여섯 시간을 의미하겠지요.

어휘 설명을 마무리하며 아이들에게 말했습니다.

"이러한 혼란을 막기 위해 중요한 거래나 약속을 할 때는 '한나절'이나 '반나절'이라는 단어 대신 '○시간'이라는 정확한 표현을 사용하면 좋겠죠?"

그랬더니 하준이가 서준이에게 말합니다.

"너 이거 다 하려면 100시간은 걸리겠다."

한눈에 보는 어휘카드

한나절

한나절

1. 하룻낮의 절반
2. 하룻낮의 전체

우리말 사용법

- 그곳에 가려면 걸어서 한나절은 걸린다.
- 반나절이면 할 일을 한나절 만에 끝냈다.
- 시간이 반나절쯤 지나서야 부모님은 돌아오셨다.

✦ 배운 단어를 사용해 문장을 만들어 보세요.

우리말 퀴즈

✦ 아래 문장을 읽고 ( )안에 맞으면 ○, 틀리면 X를 써넣으세요.

- '한나절'의 절반을 '반나절'이라고 합니다.   (   )

- '나절'의 뜻을 찾아보면 낮의 절반이라는 의미임을 알 수 있습니다.

                                                          (   )

- '한나절'에 하룻낮 전체의 의미가 추가되면서 반나절이 나타내는 시간도 달라졌습니다.

                                                          (   )

○ 'X '○ 月&

관절이 커서
대관절?

"대관절 이게 무슨 일입니까?"

"선생님께서 하신 말씀은 대관절 받아들일 수 없습니다."

TV 프로그램에서 어떤 인물이 '대관절'이라는 단어를 사용했나 봅니다. 그 단어를 알게 된 한 학생이 친구들은 모르는 단어를 알게 되어 뿌듯한지, 종일 저 말을 외쳐댔습니다. 반 친구들은 무슨 뜻인지 몰라 이리저리 추측을 해봅니다.

"커다란 관절이라는 뜻 아냐? '큰 대(大)'를 써서 말이야."

옛날에 출판된 책이나 고전에 자주 등장하는 표현이니, 요즘 초등학생은 잘 모를 수밖에요.

대관절(大關節)을 한자로 풀이하면 다음과 같습니다.

'큰 대(大)', '빗장 관(關)', '마디 절(節)', 한자의 뜻으로 보자면 아이들이 추측한 것처럼 우리 몸의 큰 관절이 맞습니다. 하지만 그런 뜻으로는 사용되지 않고, '대체, 도대체'라는 뜻으로 사용됩니다.

그럼 '도대체'는 무슨 뜻일까요? '다른 말은 그만두고 요점만 말하자면'이라는 뜻입니다. 즉 대관절은 '여러 말 할 것 없이 요점만 말하자면 이라는 뜻'입니다. '긴 말 필요 없이 핵심은 이것이다'라고 말하는 것이죠.

대관절과 도대체와 비슷한 말로 '요컨대'가 있습니다. 여기서 '요'는 '중요하다 요(要)'이고, '컨대'는 '-하건대'의 준말입니다. 즉 요컨대는 '중요한 것을 말하자면'이라는 뜻입니다.

대관절은 주로 의문문에서 많이 사용됩니다. 그런데 진짜 궁금해서 물어보는 것이 아닙니다. 유감스럽거나 불만이 있다는 마음의 표현입니다. "아니, 대관절 왜 늦은 거야?" "엄마는 대관절 왜 그러세요?"처럼 말이지요.

 한눈에 보는 어휘카드

대관절

대관절
여러 말 할 것 없이 요점만 말하건대

- 그 사람은 대관절 왜 그러는 건가요?
- 대관절 제가 뭘 잘못했다고 이렇게 괴롭히는 겁니까?
- 대관절 아이가 왜 저렇게 울고 있지?

✦ 배운 단어를 사용해 문장을 만들어 보세요.

우리말 퀴즈

✦ 아래 문장을 읽고 ( ) 안에 맞으면 ○, 틀리면 X를 써넣으세요.

- 대관절은 '도대체, 요컨대'라는 뜻으로 사용됩니다. ( )
- 대관절을 사용하면 중요한 것만 말하지 말고 길고 자세히 말하라는 뜻입니다. ( )
- 대관절은 주로 의문문에 붙어 불만을 표현하고자 할 때 사용됩니다. ( )

미덥다는 밉다? 덥다? 무슨 뜻일까?

"치, 선생님은 왜 저한테만 심부름을 시키시는 거예요?"

맡겨진 일을 책임지고 완벽하게 해내는 반장이 오늘은 웬일로 투정을 부립니다.

"그야 네가 반장이니까 그렇지."

옆에 있는 친구들이 대신 답해 줍니다. 충분한 답변이 아니었는지 튀어나온 반장의 입이 들어갈 생각을 안 합니다. 반장이라고 무조건 심부름을 해야 하는 것은 아니죠. 반장이 선생님 심부름하는 사람도 아니고요. 미안한 마음에 진심을 담아 마음을 전했습니다.

"미안하구나. 너무 네게만 시켰나 보네. 네가 너무 미더워서 그랬어."

미덥다는 말이 무슨 뜻인지 모르겠지만 뭔가 좋은 뜻인 것 같으니 일단 튀어나온 입을 집어넣는 반장입니다.

"선생님, 미덥다는 게 무슨 말이에요?"

이번에도 친구들이 대신 물어봅니다.

'미덥다'는 일상에서 자주 사용하는 말은 아닙니다. 특히 학생이라면 더 그렇지요. 그런데 '미덥다'의 부정어인 '못 미덥다'는 제법 자주 사용됩니다.

친구 중에 이런 친구가 꼭 한두 명은 있지 않나요? 왠지 믿음이 가고 신뢰가 가는 친구 말이에요. 무슨 일이든 맡기면 착실하게 해낼 것 같은 친구, 다른 사람이 보지 않는 곳에서도 묵묵히 자신이 할 일을 성실하게 하는 친구 말이에요. 이런 친구는 참 믿음직하겠죠? 그런 믿음직한 사람을 가리킬 때 '미덥다'라고 표현합니다. 미덥다는 말은 순우리말로 '믿음이 가는 데가 있다'라는 뜻입니다.

여러분 주변에는 미더운 친구가 있나요? 여러분 자신은 주변 친구들에게 미더운 존재인가요? 내가 미더운지 미덥지 못한지는 하나의 사건으로, 혹은 하루 만에 평가되지 않습니다. 그간 내가 했던 말과 행동이 쌓인 결과입니다. 미더운 여러분이 되길 응원합니다.

한눈에 보는 어휘 카드

미덥다

미덥다
믿음이 가는 데가 있다

우리말 사용법

- 뒤늦게 대처하는 정부의 태도가 못 미덥다.
- 그 사람은 미덥지 못한 구석이 있다.
- 왜 그렇게 나를 못 미더워하는 거야?

✦ 배운 단어를 사용해 문장을 만들어 보세요.

우리말 퀴즈

✦ '미덥다'의 유의어, '못 미덥다'의 유의어를 찾아 적어 보세요.

- '미덥다'의 유의어

- '못 미덥다'의 유의어

을씨년은
무슨 욕일까?

여러분은 혹시 '13일의 금요일'에 대해 알고 있나요? 이날은 옛날부터 불길한 날이라고 여겨졌는데요, 그 유래에 관해서는 여러 가지 설이 있습니다.

중세 시대 프랑스의 필리프 4세가 기사단원을 체포하고 고문을 가한 사건이 시작이었다는 이야기도 있고, 예수 그리스도가 십자가에 못 막힌 날이 금요일이었고 최후의 만찬에 참석한 제자의 수가 열세 명이었기 때문에 이날이 불길하게 여겨졌다는 이야기도 있습니다. 그 시작이 무엇인지는 모르겠지만, 13일의 금요일이 되면 왠지 모르게 을씨년스러운 기분이 듭니다.

네? 왜 갑자기 욕을 하냐고요?

욕 중에 '-년'이 들어가는 말이 많다 보니, 실제 많은 학생이 '을씨년스럽다'를 욕으로 오해하곤 합니다. 을씨년스럽다는 '날씨나 분위기가 어수선하고 쓸쓸하다'라는 뜻입니다. 이 단어에는 우리나라의 슬픈 역사가 담겨 있습니다.

우리나라가 과거 일본의 지배를 받았다는 사실을 잘 알고 있을 거예요. 일본에 나라를 뺏기게 된 결정적인 조약이 하나 있는데요, 바로 '을사늑약'입니다. 을사늑약은 1905년 일본이 강압적으로 체결한 조약으로, 이로써 우리나라는 일본에 외교권을 빼앗겼습니다. 예전에는 을사늑약이 아닌 을사조약이라고 배우기도 했는데, 국가 간에 한 약속을 뜻하는 조약이 아닌, '억지로 맺은 조약'이라는 뜻의 늑약이 맞다고 하여 표현이 바뀌었습니다.

또 을사늑약에서 '을사'는 1905년을 뜻합니다. 2024년에 들어설 때 "청룡의 해, 갑진년이 시작되었습니다."라는 말을 들어 본 적이 있나요? 우리나라는 육십갑자라고 하여, 하늘의 이치를 담은 색이라는 10간(干)과 열두 가지 동물인 12지(支)를 결합하여 60개의 간지로 시간과 순서를 나타냅니다. 2024년이 갑진년이라면, 1905년은 을사년이었던 것이지요.

당시는 나라를 빼앗겼기 때문에 분위기가 침울하고 흉흉했을 것입니다. 그때를 지칭하는 '을사'에 '~스럽다'라는 접미사를 더해 그 시대의 분위기를 '을사년스럽다'라고 표현했습니다. 세월이 흐르면서 발음이 '을씨년스럽다'가 되었고, 현재 음산하고 스산한 분위기나 쓸쓸하고 흐린 날씨를 뜻하게 되었습니다.

 한눈에 보는 어휘카드

을씨년스럽다

을씨년스럽다
보기에 날씨나 분위기 따위가 몹시 스산하고 쓸쓸한 데가 있다

우리말 사용법

- 낙엽이 모두 떨어지고 앙상한 가지만 남아 을씨년스럽다.
- 을씨년스럽던 모습이 점점 나아졌다.
- 금방이라도 비가 내릴 듯 우중충하고 을씨년스러웠다.

✦ 배운 단어를 사용해 문장을 만들어 보세요.

_____

_____

_____

우리말 퀴즈

✦ 아래 문장을 읽고 ( ) 안에 맞으면 O, 틀리면 X를 써넣으세요.

- 억지로 맺은 조약을 늑약이라고 한다. ( )
- 을사년은 분위기가 밝고 날씨가 맑은 때를 가리킨다. ( )
- '을씨년스럽다'라는 말에는 우리나라의 슬픈 역사가 담겨 있다. ( )

✦ '을씨년스럽다'와 비슷한 말에 O표를 해보세요.

| 음산하다 | 맑다 | 스산하다 | 개운하다 |
| 화창하다 | 쓸쓸하다 | 으스스하다 | 온화하다 |

정답 / O, X, O / 음산하다, 스산하다, 쓸쓸하다, 으스스하다

김 여사의 여사는
누구를 가리키는 말이지?

"여사님, 늘 감사합니다."

우리 학교에서는 학교를 깨끗하게 청소하고 관리해 주시는 분에게 '여사님'이라는 호칭을 사용합니다. 제가 인사하는 모습을 본 귀여운 새싹들이 "여사님이 뭐예요?"라고 질문을 합니다.

보통 여사라는 말은 뉴스 등에서 '영부인 ◯◯◯ 여사 재래시장 행보', '◯◯◯ 여사, 독립유공자 식사 자리에 참석' 하는 식으로 쓰입니다.

본래 '여사'란 중국 고대 주나라의 관직 이름이었습니다. 주나라 왕실의 관직 제도를 기록한 책에는 '여사'가 '왕후를 보좌하여 의례 행사와 문서를 담당하는 직책'이라고 기록되어 있습니다. 쉽게 말하면, '여사'란 왕후의 여성 비서를 일컫는 단어인 셈입니다. 명나라 이후 여사라는 직책이 사라지면서 오늘날 중국에서는 '여사'라는 말을 사용하지 않고 있습니다.

그러나 중국에서 일본으로 단어가 전해지며 중국처럼 궁중 직책을 뜻하는 말로 사용되다가 '학자, 예술가, 정치가 등 사회적 지위와 명성이 있는 여성을 부르는 호칭'으로 바뀌었습니다. 그 말이 일본을 통해 다시 우리나라로 들어오면서 사회적으로 이름 있는 여자, 결혼한 여자를 높여 이르는 말로 쓰이게 되었습니다.

그런데 이렇게 좋은 의미이지만, 때로 여자를 비꼬는 말로 사용되기도 합니다. 언제부터인가 '운전이 미숙한 여성 운전자를 조롱하는 말'로 '김 여사'가 쓰이기 시작한 것입니다. '김' 씨를 콕 집은 이유는 그 성이 대한민국에서 가장 흔한 성씨이기 때문입니다.

물론 논란이 많습니다. 일단 '여사'라는 말이 성차별 용어라는 지적이 있습니다. 우선 '여사'라는 용어는 있지만 '남사'라는 용어는 없습니다. 일반명사에 여자를 포함시키지 않고 굳이 따로 떼서 달리 부르는 것이 차별적이라는 것이지요. 더구나 엉망으로 운전하는 사람을 '김여사'라고 지칭한다면 이는 여성을 잠재적 가해자로 취급한다는 점에서도 문제가 있습니다. 남녀를 불문하고 운전에 미숙한 사람이 있을 수 있고 누구나 사고를 낼 수 있는데, '여성 운전자들은 다 저렇다'라거나 '황당하게 운전을 하는 사람은 다 여자다'라는 편견을 키울 수 있다는 것이지요.

사실 여사는 사전적 의미로만 보자면 긍정적인 뜻을 담고 있습니다. 하지만 같은 단어라도 어떤 마음으로 지칭하느냐가 중요하지요. 존중의 마음을 담으면 마주치는 많은 여자 어른에게 '여사님'이라고 부를 수 있지만, 비난하기로 마음먹으면 그 누구라도 '김 여사'가 되어 버립니다.

한눈에 보는 어휘카드

여사

여사
결혼한 여자나
사회적으로 이름 있는 여자를 높여 이르는 말

우리말 사용법

- 지난달 새 책을 출간하신 한 여사께서 오신답니다.
- 이 학교는 사회적으로 유명한 여사를 많이 배출했다.
- 임 여사님께서는 이번 결혼에 대해서 어떻게 생각하시는지요?
- 김 여사는 그 분야에서는 알아주는 사람이다.

✦ 배운 단어를 사용해 문장을 만들어 보세요.

우리말 퀴즈

✦ '여사'가 사용된 문장을 읽고, 올바른 설명과 연결해 보세요.

1. 고대 주나라에는
   왕후를 보좌하는
   <u>여사</u>가 있었다. •

① 존경과 존중의
   마음이 담긴 호칭 •

2. 항상 수고해 주시는
   <u>여사님</u>을 존경합니다. •

② 후궁의 비서로
   행사와 문서를
   담당하는 직책 •

욕을
봤다고?

2007년 미국 의회 사상 처음으로 일본군 위안부 피해자들을 위해 청문회가 열렸습니다. 이때 피해자 중 한 분인 이용수 할머니의 결정적 증언으로, 위안부 결의안이 통과됩니다. 이 감동적인 사건을 모티브로 한 영화가 있습니다. 바로 〈아이 캔 스피크〉인데요, 그 영화에 이런 대사가 나옵니다.

"불쌍한 내 새끼 욕봤다, 욕봤어. 한마디만 해주고 가지. 그리고 가지."

엄마 산소를 찾은 주인공 옥분이 하소연하며 외치는 대사입니다. 그런데 얼핏 이해가 안 갑니다. 욕이 부정적인 어휘이다 보니, 욕을 해 달라는 건지 뭔지 헷갈립니다.

사전적으로 욕은 한자어로 '욕할 욕(辱)'을 씁니다. 남의 인격을 무시하는 모욕적인 말도 욕이고, 부끄럽고 치욕적이고 불명예스러운 일도 욕입니다.

'욕보다'는 '부끄러운 일을 당하다'라는 의미의 표준어입니다. 엄마가 "네가 잘못하면 부모가 욕보는 거야."라는 말을 했다면 이건 무슨 뜻일까요? 여러분이 올바르지 않은 행동을 하면 부모가 부끄러운 일을 당하게 된다는 의미입니다. 바르고 고운 말을 쓰는 것도 중요하지만, 내 잘못으로 다른 사람이 욕보지 않도록 바르게 행동하는 것도 중요하겠지요?

한편으로 '욕보다'라는 말은 정겨운 말이기도 합니다. '몹시 고생스러운 일을 겪었구나'라는 뜻도 있기 때문이지요. '네가 고생한 것을 내가 안다'라고 그 수고로움을 인정하고 알아주는 것입니다. '그동안 수고했다'와 같은 말인 것이지요. 결과만 보는 게 아니라 지금까지 겪은 과정을 생각해 주는 말이니 꽤 다정한 표현입니다.

'수고했다'라는 말을 영어 표현에서는 마땅히 찾기가 어렵습니다. 그나마 '잘했다'라는 말로 'Good job', 'Well done' 정도를 들 수 있는데, 이건 결과에 초점을 맞춘 말이라 표현의 온도가 좀 다르지요.

한눈에 보는 어휘카드

욕보다

욕보다

1. 부끄러운 일을 당하다
2. 몹시 고생스러운 일을 겪다

- 멀리까지 오느라 욕봤네.
- 부모님이 고생한 내 손을 잡으며 그동안 욕봤다고 말씀해 주셨다.
- 큰일을 치르느라 욕보았다.

✦ 배운 단어를 사용해 문장을 만들어 보세요.

 우리말 퀴즈

✦ 편지 속 고민을 읽고, 여러분이 답장을 써서 고민을 해결해 주세요.

저는 오늘 아주 기분 나쁜 일이 있었습니다. 여름방학을 맞이해 물 좋고 공기 좋은 시골로 농촌 체험을 떠났습니다. 처음 이틀은 어려움 없이 즐겁게 보냈습니다. 문제는 셋째 날이었습니다. 생전 처음 해보는 농사일로 정신이 하나도 없었습니다. 그날 저녁 마을 이장님이 제게 "에고, 네가 욕봤다. 욕봤어."라고 하셨습니다. 비록 서툴지만 수고한 저에게 그렇게 말씀하시니 참 서운했습니다.

- 답장

부록

초등 1, 2학년

결국	대화	분명한 목소리	욕설
고운 말	동시	분위기	우리말
고유어	동영상	비슷한 말	이야기
귀 기울이기	듣는 이	사건	인물
그 다음에	듣는 자세	상대방	인사말
그 후	들려주기	상상	일기
그래서	따옴표	생각	일상생활
그러니까	마침표	소개	입장
그리고	말하는 이	소리	장면
그림	말하는 자세	속도	저녁에
그림책	맞장구	순서	절차
글감	목소리	쉼표	주인공
글자	무엇	시선	중간
글자 모양	문장	쓰는 순서	차례
기분	문장부호	아침에	특징
끝	물음표	안녕	편지
낭독	바른 말	안녕하세요	표정
낭송	반대말	안녕히 주무셨어요	표현
내용	반복되는 말	어제	학교 다녀오겠습니다
노래	받침	어휘	행동
눈맞춤	발음	언제	흉내
느낌표	발표	왜	흉내 내기

초등 3, 4학년

간추리기	독서 감상문	비교	주제
감상문	독자	사건	줄거리
강약	독후감	설명문	중심문장
결과적으로	뒷받침문장	세부내용	질문 만들기
결국	등장인물	실감나다	짐작하다
경청	때문에	알맞게	짜임새
경험	맞춤법	암송	창의적 표현
공유	매체	어법	청중
관심	명확하게	왜냐하면	특징
구성요소	문단	운율	편집
구연	미리보기	원인	표기
국어사전	반응	의견	표준어
글쓴이	발상	의도	표현
기행문	발언	의미	해석
낱말분류	발음	이유	핵심어
논설문	발표	인물	행동
높낮이	방안	입장	협의
대상	배경	작품	회의
대화 예절	배경 지식	절차	흥미

초등 5, 6학년

가치관	내용 전개	비유적 의미	인터넷 대화방
갈래	내용 조직	사회자	일의 순서
감상	녹음	설득	읽을거리
견문	녹화	속담	입장
결과	뉴스	수정	작품 세계
결말	다의어	시	전개
고유어	댓글	쓰기 윤리	절정
공유	독서 계획	안목	주장
공통점	독서 방법	어조	주장하는 글
관점	동음이의어	어절	차이점
광고	목적	언어 예절	추측
교정	문맥	연설	출처
국어 순화	문제 상황	예상독자	태도
극	발단	온라인 대화	판단
근거	발상	외래어	한자어
글의 조직	발표자	요약	해결 방안
글의 짜임	비교	위기	호응 관계
기행문	비속어	의미 파악	홍보
내용 생성	비유	의사소통 상황	화자의 관점

간단	떠올리다	순서	전시
간추리다	모으다	실감나다	점검
거르다	모형	실천	정리
검산	무게	실험	제안
겪다	무리	실현	조건
견학	묶다	쓰임새	조사
결과	문제점	역할	조절
경우	바탕	연결	종류
계산	반영	영향	주의
고려	발달	예상	주제
고르다	발생	예시	짐작
고쳐 쓰다	발표	완성	차례
공통점	방향	원리	차별
공평	배열	원칙	차이
과정	범위	위치	차지
관찰	분류	유리	참여
교류	분리	응용	추리
구별	분포	의논	추측
구분	붙이다	의도	측정
규칙	비교	의미	토론
극복	비추다	이동	토의
기록	빗대어	이용	통과
기준	사례	이유	특징
까닭	사용	인쇄	파악
낭송	살펴보다	일정	판단
다양하다	상상	자료	평가
달라지다	생각그물	작성	표시
대화	설득	장단점	표현
돌리다	설명	장면	해당
되돌아보다	성질	재료	현명
뒤집다	세다	적응	형식
드러나다	소개	전달	활용
등장	수단	전략	흐름

말뜻을 몰라 읽고쓰기가 어려운
초등생을 위한 어휘 수업

초판 1쇄 인쇄 2024년 11월 14일
초판 1쇄 발행 2024년 11월 25일

지은이 류윤환
펴낸이 김종길
펴낸 곳 글담출판사 **브랜드** 글담출판

기획편집 이경숙·김보라 **영업** 성홍진 **홍보** 김지수
디자인 손소정 **관리** 이현정

출판등록 1998년 12월 30일 제2013-000314호
주소 (04029) 서울시 마포구 월드컵로8길 41 (서교동 483-9)
전화 (02) 998-7030 **팩스** (02) 998-7924
블로그 blog.naver.com/geuldam4u **이메일** geuldam4u@geuldam.com

ISBN 979-11-91309-73-7 (04700)

만든 사람들
책임편집 이경숙 **표지디자인** 정현주 **교정교열** 신혜진

글담출판에서는 참신한 발상, 따뜻한 시선을 가진 원고를 기다리고 있습니다.
원고는 아래의 투고용 이메일을 이용해 보내주세요. 여러분의 소중한 경험과 지식을 나누세요.
이메일 to_geuldam@geuldam.com